日本の伝統とは何か

梅原 猛

ミネルヴァ書房

日本の伝統とは何か

目次

I　天台本覚思想と環境問題……………………………………1

Ⅱ　聖徳太子と法隆寺……31

謡曲コラム

I　天台本覚思想と環境問題

なぜ良源を最澄よりも篤く崇拝するのか

天台本覚論《てんだいほんがく》▼1というのはあまり皆さんお聞きになっていないかもしれませんが、これは実に重要な思想です。そのことを、私はだんだん強く感じるようになってきました。

比叡山延暦寺《えんりゃくじ》を開いたのは伝教大師最澄《さいちょう》▼2さんですが、延暦寺では最澄さんよりもむしろ慈恵《じえ》大師あるいは元三《がんさん》大師と呼ばれる良源《りょうげん》▼3さんの方を篤《あつ》く崇拝しています。私はその意味があまりよく分かりませんでした。延暦寺は天台宗の総本山なので、開祖最澄さんの方をより篤く崇拝しなければいけないのじゃないかと思っていたのです。良源さんが最澄さんよりも篤く崇拝されているのは何かの間違いじゃないかと長い間思っていましたが、今は良源さんをより篤く崇拝する意味がよく分かるのです。

天台本覚論は天台密教の帰結として、良源さんによって完成された思

▼1天台本覚論《てんだいほんがく》（天台本覚思想）　本覚とは本来、悟りの知恵をもっていること。生きとし生けるものにはすべて本来仏の現われであり、成仏できるという本性である仏性《ぶっしょう》があるという思想。

▼2伝教大師最澄《さいちょう》（七六七〜八二二）三十七歳で入唐し、天台教学を学ぶ。法華経のみで十分という「法華一乗《ほっけいちじょう》の思想」で、比叡山延暦寺で天台法華宗を起こした。八一三年には空海から密教の灌頂《かんじょう》を受けている。極悪人でも久遠《くおん》の本仏がいつかは成仏させる。だから一切衆生《しゅじょう》には仏性があるとした。

▼3慈恵《じえ》（字恵）大師良源《りょうげん》（九一二〜九八五）正月三日に亡くなったので元三《がんさん》大師と呼ばれる。焼失した延暦寺の伽藍《がらん》を再建、中興の祖とされる。三十三の姿になって災難から守ってくださるという民間信仰が残っている。天台本覚論については「本覚讃《ほんがくさん》」を著した。

▼4弘法大師空海《くうかい》（七七四〜八三五）虚空蔵求聞法をきわめて、八〇四年に

想であるといわれるのですが、それはどういう思想でしょう。だんだん分かってきたのですが、私は今は、天台宗と真言宗が総合されたものだと考えています。平安時代の仏教は最澄と空海《くうかい》▼4を両巨頭によってつくられました。比叡山を根拠地とする日本天台宗の開祖である最澄さんと、高野山と東寺を根拠地としまして、日本真言宗を始めました空海さん、この両巨頭の仏教が日本仏教の元をつくったといってもよいと思います。天台本覚論はその二つの仏教が総合されたものではないかと思います。

釈迦如来と大日如来

円仁《えんにん》▼5・円珍《えんちん》▼6という僧によりまして比叡山は密教《みっきょう》化しました、そしてそれを完成させたのが良源さんなのです。どういうような思想になっていったかといいますと、天台宗というのは『法華経《ほけきょう》』▼7が中心経典です。『法華経』は御釈迦さんを崇拝しているのですが、それは日蓮《にちれん》さんが強調しているように御釈迦さんといっても、歴史的な御釈迦さんではなく

入唐。真言密教を恵果阿闍梨《けいかあじゃり》から学び、最高位を授かる。八一六年に高野山金剛峯寺を開創、八二三年に東寺を真言宗の根本道場として真言密教を確立。真言宗の根本教義は、宇宙の本体である大日如来の現われだと我が身を覚ることで即身成仏ができ、この世界がそのまま大日如来の密厳浄土《みつごんじょうど》となるというもの。

▼5 **円仁《えんにん》**（七九四〜八六四）第三代天台座主。慈覚大師《じかくだいし》ともいう。延暦寺で最澄に師事し、入唐し、密教の灌頂を受けた。彼の『入唐求法《ぐほう》巡礼行記』は日本人による最初の本格的旅行記。

▼6 **円珍《えんちん》**（八一四〜八九一）第五代天台座主で智証大師の諡号《しごう》を贈られる。彼の「円密一致」つまり法華経と大日経の一致は、大日経に法華経を包摂する形で、密教中心であった。

▼7 **法華経《ほけきょう》**『法華経』では、大乗仏教で成仏できないとされた声聞《しょうもん》と縁《えん》覚《かく》たちも成仏できるという「二乗作

て、永遠の過去から説法されている御釈迦さんつまり永遠の仏さんとしての御釈迦さんです。しかしそうはいってもそれは御釈迦さんである限り、人間性を免れないのです。

ところが真言宗は、御釈迦さんの代わりに大日如来《だいにちにょらい》▼8というご本尊を崇拝してきました。大日如来というのは、宇宙の中心にいる仏です。しかも大日ですから太陽の仏ですね。太陽のように万物を照らして、そして万物に所を得しめる、そういう存在が大日如来なのです。しかし天台宗も密教化▼9すると、その中心の仏様は人間性を超えざるをえません。それは宇宙を支配している太陽の化身のような大日如来になっていくのです。御釈迦さんも大日如来化せざるをえないのです。

動物ばかりか植物・鉱物まで成仏する

そしてそのいわゆる天台密教の思想の帰結が天台本覚論で、それが「草木国《そうもくこく》土《ど》悉皆成仏《しっかいじょうぶつ》」▼10という簡単な言葉に表現されます。成仏できるの

仏《ぶつ》」と、昔の釈尊と今の釈尊と未来の釈尊は、釈尊にとっては同じ生なので、この今が、過去や未来を含む「永遠の今」であり、覚りの時、救いの時であるという「久遠実成《くおんじつじょう》」が説かれている。

▼8大日如来《だいにちにょらい》 梵名で「マハー・ヴァイローチャナ」「偉大な光明」を意味する。太陽よりずっと明るいので「大日如来」。真理の法である「大日如来」は存在それ自体の摂理。だから「大日如来」は永劫の昔から存在していたはずだとする。そして、諸仏、諸神、森羅万象は法である「大日如来」の現われである。

▼9密教《みっきょう》 大乗仏教は釈迦如来が教えを広く聴衆に説くので、顕教《けんきょう》と呼ばれているが、真言密教は、大日如来が説いた秘密の教えで、呪術的、オカルト的なものを伴う。師匠が弟子に秘密裏に伝授するので密教といわれた。師匠が弟子に伝えたことを保証する儀式を「伝法灌頂」という。

は人間だけだという考え方ではないのです。動物も含まれます、しかもそれだけじゃありません。草木すなわち植物も成仏できるのです。しかも国土というとこれは鉱物です。鉱物ですら仏性《ぶっしょう》をもっていて、成仏できるという、そういう思想で表現されるわけです。

私がかつてよく使った「山川草木悉皆成仏」という言葉はこの「草木国土悉皆成仏」という言葉の大衆版だといってよろしい。天台本覚論はそのような「草木国土悉皆成仏」という合言葉によって表現されたのです。この思想は私はインド仏教にはなかったと思います。御釈迦さんの仏教では、有情すなわち生命あるものはせいぜい動物のみなのです。だから動物を殺してはいけない、それで御釈迦さんは菜食をされたのです。それは植物は生命のないものとして考えられたからだと思います。しかし仏性▼11をもち成仏するものが動物はおろか、植物まで広がった。鉱物まで広がった。これはやはりインド仏教にはない思想です。

こういう思想は中国の天台仏教にはあります。これは道教の学者である福永光司▼12さんの説ですが、やはり道教の影響で天台仏教にはそういう考え方があるけれど、中国ではそれは主流にはなりませんでした。植

▼10 **草木国土悉皆成仏《そうもくこくどしっかいじょうぶつ》**　九世紀後半に書かれた安然《あんねん》の『斟定草木成仏私記《しんじょうそうもくじょうぶつしき》』に「草木国土悉皆成仏」という語が使われている。また『往生要集《おうじょうようしゅう》』で著名な源信《げんしん》は『真如観《しんにょかん》』で「サレバ草木、瓦礫、山河大地、大海、空、皆是レ真如ナレバ仏ニアラザル物ナシ」と記している。

▼11 **仏性《ぶっしょう》**　仏教では、人間は、煩悩を克服すれば、目覚めたもの（仏陀）になれる存在であるとされている。このような本性を仏性という。
　だれもが成仏できるとすることを一般化したのが『大般涅槃経《だいはつねはんぎょう》』の「一切衆生悉有仏性（一切の生きとし生ける者は仏性をもつ）」である。なお「山川草木悉皆成仏」という言葉は梅原猛の造語である。一九八六年に中曽根首相が施政方針演説で使って有名になった。

▼12 **福永光司**（一九一八～二〇〇一）日本の中国思想史の研究者、とりわけ老荘思想・道教研究の第一人者である。

物・鉱物まで仏性がある、そしてそれらが仏になれるのだという思想が、日本に来てはじめて確立されたと、福永さんはいわれています。

天台本覚論は日本で生まれた仏教思想

そして天台本覚論は、実は鎌倉新仏教の共通の思想的前提になるのです。鎌倉新仏教というのは皆さん、ご存知だと思いますが、浄土教（浄土宗および浄土真宗、時宗）、禅宗（臨済宗、曹洞宗）、日蓮宗です。この三つの宗派です。その根底には天台本覚論、人間ばかりか動物はもちろん植物や鉱物まで仏性をもって成仏できるという思想があるというのです。確かに浄土教にも、道元《どうげん》の思想にもはっきりそれはあります。そして日蓮にもそういう思想が強く現われています。

それでありますから天台本覚論というのは日本でできた仏教だといえます。天台宗や真言宗はどちらかといえば輸入仏教ですが、それに対して天台本覚論は日本で生まれた仏教思想だといえると思います。

『老子』『荘子』（朝日文庫「中国古典選」）は絶品。

▼13 **神仏分離・廃仏毀釈《はいぶつきしゃく》** 明治元（一八六八）年に神仏分離政策にもとづいて「神仏判然令」が公布され、神社にあった神宮寺は廃止され、多くの

そればかりこの天台本覚論によって、神様と仏様の習合が可能になったのです。神様と仏様との関係は日本の歴史にとって重大問題です。明治維新に神仏分離・廃仏毀釈《はいぶつきしゃく》▼13という政策がとられました。それがまだ私は現在続いていると思います。露骨な廃仏毀釈こそ明治初年で廃止されましたが、明治以来の日本の教育に廃仏毀釈の思想が残っています。そして神仏分離によって生じた精神の傷はまだ癒えていないと思います。天台本覚思想では、神と仏が完全に同居し、習合しています。その思想を明治以来の日本は公的には失ってしまったのです。

神仏習合の発展

皆さんご存知のように、蘇我《そが》・物部《もののべ》の戦いによって、仏教が勝って、神道が負けた。それでどちらかというと、仏教と神道は仲が悪かった。それを仏教側において神道を回復させようとしたのが役《えん》の行者《ぎょうじゃ》▼14です。この人は民間の仏教者です。その流れを汲んだのが泰澄《たいちょう》▼15という白山《はくさん》信

寺院が統廃合された。その際不要になったとして仏像・仏具や路傍の地蔵まで破壊されたりした。このような仏教を排斥し、寺院・仏像などを破壊するような考え・行動を「廃仏毀釈」という。そして国体神学の体系から外れる村々の道祖神・祭礼なども淫祠・淫習として廃棄の対象となった。

▼14役《えん》の行者《ぎょうじゃ》（役小角《えんのおづの》）（六三四〜七〇六伝）　飛鳥時代から奈良時代の呪術者。実在の人物だが、伝えられる人物像は後の伝説によるところが大きい。通称を役行者《えんのぎょうじゃ》と呼ばれ修験道《しゅげんどう》の開祖とされている。一言主命を使役して、讒訴《ざんそ》され、伊豆島に遠流されたといわれる。

▼15泰澄《たいちょう》（六八二〜七六七）　奈良時代の修験道の僧。越前国麻生津の出身。泰澄は、養老元（七一七）年水神・竜神《りゅうじん》として信仰されていた白山姫《しらやまひめ》を白山妙理大権現《はくさんみょうりだいごんげん》と称して祀ったのだが、白山妙理大権現の本地（垂迹《すいじゃく》つまり化身する前の姿）は、十一面観音だとされている。

仰を始めた人です。そしてそれをまた受け継いだのが、東大寺建立に大きな役回りをしました行基《ぎょうき》です。彼は僧ですが、八幡神《はちまんしん》信仰を始めました。

白山信仰、八幡信仰によってだんだん神仏習合の思想は発展していきました。東大寺の入口のところには八幡様が祀ってありますね。あそこで国家の仏教にはじめて神様が登場したのです。そしてそれを受け継いで空海の真言密教が出現します。それはまさに神仏習合の仏教なのです。

東寺の入口のところにも八幡様が祀られていますね。そしてその八幡様は坊さんになった八幡神です。僧形八幡神といいます。これはまさに神仏習合の具体的表現ですね。八幡神がとうとう坊さんになったのです。また空海のつくった仏像として、八幡神と空海つまり弘法大師が一体になった像がありますが、空海はまさに神仏習合の思想を完成させた思想家です。

最澄さんも空海のような思想をもっていたと思います。平安仏教は奈良仏教と違って、根拠地を森に求めました。森にはやはり神様がいるのです。そして仏様と神様が平安仏教によって蜜月の関係になったのです。

神仏習合が日本的宗教のあり方

神仏習合の思想は平安仏教にありますが、それが天台本覚論によって完成されたのです。今日は、叡山の小林さんが見えておられますが、叡山の荒行といえば、回峰行《かいほうぎょう》と籠山行《ろうざんぎょう》です。籠山行は確かにこれは最澄さんの行です。じっと籠《こ》もって思索をするという大変厳しい行ですが、これは最澄の伝統です。

しかし回峰行の方は、山を回るのです。これはやはり神道と仏教の習合でした。修験道《しゅげんどう》の行です。だから今は叡山は顕教の寺であると同時に密教の寺でもあるのです。そのようにここで神と仏が、一体化したことは大変なことです。これは日本思想において実に重要なことでありまして、ほんの最近まで日本人は神様と仏様を一緒に祀っていました。

私の育った田舎の家でも、必ず仏壇がありまして、その仏壇の上は神棚になっていました。だからご仏様に手を合わせることは、神様に手を合わせることでもあります。神仏習合がずーっと日本人の宗教だったのです。そこでやはり神道によって森を大事にする、命を大事にする、あるいはきれいな心をもてという教えを受けて、そして仏教によって一生懸命働けという精進《しょうじん》の徳と、辛抱せよ、辛抱せよという忍辱《にんにく》の徳と慈悲の徳を学びました。それがやはり美しい日本人をつくったのです。

この神仏習合が明治政府がとった神仏分離・廃仏毀釈の政策によって破壊されました。廃仏毀釈によって仏教は、大変な痛手を受けました。しかし一番痛手を受けたのは修験道なのです。というのは修験者はほぼ五十万人ぐらい日本にいたのだそうですが、山伏《やまぶし》という修験者は絶滅したのです。武士と共に失職したわけです。

天台本覚論は能の中にこそある

そのように神と仏とを融合したのが天台本覚論ですが、ところがこの天台本覚論をはっきり体系化した著書があまりないのです。天台本覚論の本を探してみましたが、最澄の著書とか、円仁の著書とか、良源の著書とかになっていますが、これ一冊読んだから天台本覚論が分かるというような本はないのです。ところが天台本覚論の思想がはっきり展開されたのは日本の芸能であるということが最近分かりかけてきました。

その日本の芸能の中心は能です。能はすばらしいです。今『源氏物語』の千年紀というのが盛んに行われていましてね、『源氏物語』は日本が世界に誇りうる大長編小説で、私も千年紀に参加しましたが、正直にいいますと、私はどちらかというと『源氏物語』より能の方に深い芸術を感じます。源氏物語は所詮《しょせん》貴族の物語です。能は貴族ではなくて、むしろ日本の庶民の哀《かな》しみを描いているのです。それはやはり観阿弥《かんあみ》、世阿弥《ぜあみ》が「河原乞食」といわれる河の民の出身であることと深く関係しているのです。

私は能の方が好きです。あまり『源氏物語』は大好きであるとはいえませんね。まあ源氏の君という色男がもてた話なんです。私なんかあまりもてたことはございませんから、そのせいかもしれません。どうしても心から好きにはなれないのです。

ところがやはり能はいいですね。庶民の哀しみが横溢《おういつ》しているのです。そういう能がたくさんあります。たとえば私が好きなのは『鵺《ぬえ》』という題の能です。鵺は近衛《このえ》天皇を苦しめた怪獣です。その怪獣が殺されて、それが「うつぼ舟」という空っぽの船に乗せられて、芦屋に流れ着きます。そしてその鵺の霊が出てくるのです。この鵺は天皇の命を狙った悪獣です。その悪獣の鵺を世阿弥は、なんと我がことのように深く鎮魂しているのです。これは親鸞の悪人成仏の思想に近いのです。悪獣成仏の思想といってもよいかと思います。

世阿弥の娘の夫の禅竹《ぜんちく》に『杜若《かきつばた》』という能があります。『伊勢物語』にある在原業平《ありわらのなりひら》の話です。例の「か・き・つ・ば・た」の五字を頭に散らした「唐衣《からごろも》　きつゝなれにし　妻しあれば　はるばるきぬる　旅をしぞ思ふ」という三《み》河国《かわのくに》八橋《やつはし》での歌にまつわる話です。旅人が訪れると、美しい女の人が出てきます。その女の人は、在原業平と関係をしたすべての女性の化身であったのです。業平はまあ色男でいろんな女性と関係したのですが、そのすべての女性に喜びを与えた、だから業平も菩薩、歌舞の菩薩である、そういう台詞《せりふ》を語ります。これは私、すごい台詞だと思いますね。

また鎮魂すべきシテは人間に限りません。あるいは鵺であり、あるいは鷺《さぎ》であり、あるいは杜若であり、あるいは芭蕉なのです。そしてその中に「草木国土悉皆成仏」という言葉が出てきます。世阿弥の謡曲にも出てきますが、禅竹の謡曲には盛んにこの「草木国土悉皆成仏」という言葉が出てきます。まさに天台本覚論は芸能で展開されているということができると私は思います。

冬の芭蕉と俳諧の芭蕉

禅竹の『芭蕉《ばしょう》』という能は実に不思議な能でありまして、中国の山の誰も棲《す》まないようなところに独りの老僧が棲んでいます。そこへ若い女が夜やってくるのです。その庵《いおり》に泊まるのです。何かそこに性の関係が暗示されているようですが、ところがその女は冬の芭蕉の霊だったのです。芭蕉は冬には枯れてしまって、冬の芭蕉というのはありえないのですが、冬の芭蕉の霊がさびしい寺に、女になってやってきて、老僧とセックスの関係があるのです。そしてそれがすんでまた消えていきます。ものすごい古寺に山嵐が吹いて、花も千草も散りぢりになったのに芭蕉は破れても残ったというのです。おそらくあの松尾芭蕉は、この禅竹の能から名前をとったに違いありません。

俳諧もまた天台本覚論の世界だといえばいえると思います。人間ばかりか動物も植物も生きている、その生きているものの喜び哀しみを歌う、それが俳諧でしょう。和歌はやはり人間中心主義が少しありますが、そうとばかりいえません。『古今和歌集』二十巻のうちの最初に春・夏・秋・冬が六巻あります。そして十一巻目から恋が五巻あります。しかし恋人は多く花に比喩されています。俳諧は、全く人間中心主義を離れています。

私が日本美術史の上で一番好きな画家は若冲《じゃくちゅう》です▼16。若冲こそまさに天台本覚論を絵に表わした人間です。円山応挙《まるやまおうきょ》のような花鳥画とは違います。応挙の絵は絵として完成されています。しかし若冲はそうではないのです。生きているひとつひとつ、蛙なら蛙、蛇なら蛇がそれぞれ生

▼16伊藤若冲《いとうじゃくちゅう》（一七一六〜一八〇〇）江戸時代の京の絵師。若冲は錦小路の青物問屋の出身。動植物の中に神気を感じとって、絵にした画家だといわれている。『鳥獣花木図屏風《ちょうじゅうかぼくずびょうぶ》』『野菜涅槃図《やさいねはんず》』などが代表作。そこには動植物が成仏している様が生き生きと描かれている。まさしく「一切衆生悉有仏性」「草木国土悉皆成仏」の天台本覚思想の見事な形象化である。

を謳歌しています。生きている喜びを謳《うた》っています。そして花もまた謳っています。そこに骸骨まで画いてあるのですが、骸骨まで何か生の喜びを謳っているようです。そんなすばらしい絵が若冲の絵です。若冲の絵は深く仏教的な絵であると私は考えています。

我が世界の中心に座った近代思想

そのように私は天台本覚論の思想は実に重要だと思っているのですが、ひるがえって近代思想を考えますと、全くヨーロッパの近代思想は違うのです。それは人間中心の思想です。人間が世界の真ん中に座っています。それはデカルトの「我思う、故に、我有り」という思想です。すべてのものをデカルトは疑って、「考える我」、「思う我」に到達しました。その我が世界の中心に座っているのです。

そして我に対するものが自然です。それは対象なのです。我が対象である自然を認識するわけです。その自然の法則が自然科学的な法則なのです。その自然科学的な法則を認識することによって、対象である自然を支配する、それは人間の自然支配の思想なのです。

このように近代自然科学が基礎づけられまして、自然科学はうんと発達しました。そしてそれと同時に技術が発展して、この三世紀ぐらいの間に驚くべき自然科学と技術の発展が見られたのです。そしてまさに人間の自然支配はほぼ完成しました。これを可能にしたのがデカルトに始まる近代西洋哲学なのです。そして人間の自然支配は完成して、人類、特に先進国の人間に驚くべき豊かな富と便利さを与えました。おそらく世界の文明国の人たちは中世の貴族並の生活をしています。

日本は確かに住という面では、まだ十分ではないですが、食と衣という面では、まさに中世貴族の生活をしています。いや中世貴族が考えられなかったような便利な生活をしています。そしてテレビによって遠い世界で起こった出来事のニュースがたちどころにお茶の間に入ってきます。そして世界のほとんどの遠い所へ、短時間で行くことができるのです。それも驚くべきことです。

人間中心、理性偏重が自然を破壊する

しかしその文明が今や自然破壊を生んでいます。それにただ単純に自然物を破壊するだけではなくて、今日見られるような地球温暖化の問題まで惹《ひ》き起こしています。地球温暖化の問題は、大変な問題です。南極や北極の氷が解けたら、どのようになるか計り知れません。

そういう破滅的な環境破壊が今や起こりつつあります。これをもたらした人間中心、理性中心の支配は間違っているといわなければなりません。このような西洋文明の批判を一番厳しくしたのは、マルティン・ハイデガー[17]というドイツの哲学者なのです。私は京都大学の学生時代にマルティン・ハイデガーを読み耽った三年間を過ごしました。そのマルティン・ハイデガーによりますと、人間中心の考え方はギリシアで始まっているというのです。

プラトンの哲学はやはり理性の哲学です。ヌース（理性）というもの

▼17マルティン・ハイデガー（一八八九～一九七六）「ハイデガーは『（西洋）近代の主観性の形而上学』（die neuzeitliche Metaphysik der Subjektivität）と呼ぶが（ハイデガー『ヒューマニズムについて』全集、第九巻、三一八頁）、彼が『西洋近代の主観性の形而上学』というとき、それはプラトン以降の二五〇〇年にわたる西洋形而上学の全体を名指しているのである」（日下部吉信『ギリシア哲学と主観性』法政大学出版局、二〇〇五年、二二頁）。

は人間だけがもっている、そしてヌースをもっている限り人間は自然を支配する、そういう考え方が、プラトンによって確立されたのです。このプラトンをヘーゲルなどは、まさに理性哲学の最初の哲学者として高く評価しています。その理性中心の考え方がデカルトに受け継がれています。そしてそれはまた近代哲学の共通の前提になっていきます。しかし人間のみが神の似姿である理性をもっているので他の被造物を支配することができるという思想が、キリスト教の『バイブル』の中にもはっきり示されていますが、おそらくそれはギリシア思想の影響ではなかったかと思われます。しかしキリスト教において理性をもった人間が、動物植物などの被造物の支配権をもつのですが、人間の上に神がいます。デカルト哲学には人間の上に立つ神はいません。人間中心主義はここに完成されたといってよいと思います。そのような人間中心主義、理性中心主義をヘーゲルもマルクスも受け継ぎます。ニーチェはこのような理性の哲学に対して意志の哲学を主張しますが、ハイデガーは理性の裏には自然を支配しようとする人間の意志があり、ニーチェはその理性哲学の裏にあった意志を現わにしたものであり、ヘーゲルと何ら変わらない人間中心主義の哲学であるとハイデガーはいいます。やはりそれは間違っているといわなくてはいけません。

生死する太陽崇拝の復権を

そして私は天台本覚論に近代思想の虚妄を越える思想として、大変惚れ込んできました。こういう「草木国土悉皆成仏」という自然中心の世界観に帰らなければならないと思っていたのです。しかしまだそれだけでは十分ではないということを数年前から感じてきました。それが今年(二〇〇八年)私はエジプトへ行きまして、エジプトの神様に出会いました。ラーの神[18]との出会いです。それは太陽の神なのです。エジプトで一番高く尊敬されるのは、太陽の神と水の神[19]です。農耕が始まったのです。小麦農業です。そこで一番大切なのが太陽と水です。このラーの神は毎日一度は死ぬのです。西の空に落ちて死に、また翌朝東の空から再生します。スフィンクスというのがいますね。顔は人間で体は獅子です。

▼18ラーの神　太陽神ラーがエジプト神話では主神である。太陽そのものであるラーは、朝に東から昇り、夕べに西の空へ沈んでいく、夜の神は、ヌトである。太陽＝ラーはヌトに食べられ、太ももの間から昼の世界へと送り出される。一日のうちに死と再生を繰り返すのだ。また睡蓮の花の神をネフェルテムと呼ぶ。太陽のシンボルとされ、太陽神ラーが睡蓮の花から生まれたともいわれる。太陽と共に夜はしぼんで水底に沈み、朝に水面で開くので復活のシンボルでもある。

▼19水の神ヌン　エジプト神話によれば、始原においては、黒々とした水が広がっており、他には何も存在しない。そこから最初の神々が生まれた。こうして世界が始まったという。

それは太陽を再生させる神なのです。

そしてエジプトでもっとも神聖とされる花は睡蓮なのです。睡蓮の花は太陽と同時に開きます。それを古代エジプト人は睡蓮が太陽を吐き出すと考えたのです。そして太陽と共にしぼみますから太陽を飲み込むと考えたのです。そういう花として睡蓮が大変神聖な花とされたのです。

やはり私の今までの考えでは太陽が出てきませんでした。太陽が出てこないのは、間違いだったのです。しかし神仏習合という時に、日本の神様の中心はアマテラスです。私は戦争中の右翼思想に反発して、あまりアマテラスが好きじゃなかったのです。しかしアマテラスは太陽の神で、太陽の神は日本に限定されないのです。そしてアマテラスは天岩戸に入りますね。死ぬんですよ、死んでまた再生します。やはりラーの神と同じです。

密教の中心は大日如来なのです。やはり太陽です。やはり太陽の神を私は忘れていたような気がします。太陽の神ラーというのは、小麦農業を始めたエジプトの神様ですが、すべての農耕文明はだいたい太陽を最高の神としています。私は安田喜憲さんや佐藤洋一郎さんたちとご一緒に長江文明という中国にあった黄河文明より古い文明の探求をしましたが、長江文明でもやはり一番大切な神様は太陽の神です。そして日本の神話は長江文明の稲作文明の神話なのです。やはり太陽が神です。例の中南米のトウモロコシ農業のマヤ文明やインカ文明も太陽の神の崇拝です。太陽の神がもっとも重要な農耕の神だったのです。

エジプト文明への回帰

それがギリシアでは違ってきます。ギリシア人は農耕民族といえません。プラトンやアリストテレスの本を読んでも、農業の話はほとんどありません。どちらかというと戦争が強くて、あまり農耕をまじめに考えません。そういうところで神は農耕と関係のないような神になってしまったのです。ギリシアで崇拝されたアポロンの神は、本当は太陽の神なのです。それが予言の神になり、哲学の神になります。この哲学の神が近代ヨーロッパの神になったのです。それで私は太陽崇拝が忘れられたのじゃないのかということを、憂えざるをえないのです。そして近代文明はそういう太陽信仰を忘れた文明の産物なのです。そしてそれは全く太陽崇拝を忘れて人間崇拝の哲学をその思想的根底にしているように思います。

私は若い日、人類の思想の原点をギリシアに求めた古典学の学生でした。西欧文明はギリシアとイスラエルから始まる、はっきりいうとギリシア哲学とイスラエルの宗教、キリスト教から始まると考えてきたのですが、それは間違いではないのか、ギリシア、イスラエルの前にものすごく巨大なエジプトの文明があったのではないかと思います。

エジプトのヒエログリフは近代ヨーロッパ人にはだれも読めなかったのです。それで研究が進まなかっただけで、実はエジプト文明にはすばらしい思弁体系があったのではないかと思います。その中心はやはり太陽の神、それも生死する太陽の神です。私はもう一度人類はそういう太陽の崇拝を取り戻さねばならないのではないかと思うのです。

進歩の思想から循環の思想へ

西洋の近代哲学は、人類の歴史は、どんどん進んでいくという進歩の哲学を根底にもっています。それは中世の、歴史は地上の国から神の国への歴史であるという一直線に進む歴史観から出てきます。神の国がなくなると、地上の国がどんどん発展していくという思想になります。こういう進歩史観をずーっと近代人、特に近代の日本人は信じてきました。進歩史観には二つの種類があります。一つは資本主義社会は資本主義のまま無限に発展するという考えです。もう一つは資本主義は社会主義になって真に発展するという考えです。戦後日本人はどちらかの進歩主義を信じてきました。私は卒業論文で歴史は進歩するという考えは間違っているという思想を展開しました。それで私は社会主義社会の崩壊をある程度予言することができました。そして社会主義社会が崩壊した時、今度は資本主義社会が崩壊するであろうと予言しまして、それで多くの人は、梅原は左翼になったのではないのかと批判しましたが、私はかねてからの私の主張を公表したのみです。人々はそのような私の予言はたわごとであるといいましたが、今それが現実になってきたわけです。

今は、進歩の世界観では危ないのです。そういうように一直線に進むとやがて行き着く先に奈落が待っています。そうではなくて、この文明を継続させるにはやはり、進歩ではなくて、循環という思想が必要です。循環といいましても、死と再生を通した循環です。私どもは死ぬのです。そしてまた次の子孫が生きて、そして死に、また循環します。そういう循環を大事にして、自然の中に循環的に生きていく、そういう知恵を取り戻さないと、私は人類は危ないと思っています。

私は眠りというものが大切だと考えます。仏教には「随眠《ずいみん》」[20]といって深い眠りに対する思弁がありますが、キリスト教をはじめギリシア哲学はもちろん近代哲学にも眠りというものに関する思索はないのです。人間というのは一日眠らなかったらもう危ないのです。そういう眠りを繰り返さないと生きていけません。デカルトの理性の哲学では人間は眠らないコンピュータのようなものです。眠りを繰り返すということは死を

▼20 随眠《ずいみん》（アヌサヤ）　潜在煩悩を指す。貪り、怒り、慢心、無明、邪見、疑いの心などを六随眠という。潜在的に人間の心の中にそれらが眠り込んでいるのである。これを睡眠と結びつけて考えるとすると、我々はあれが欲しい、これが欲しいということを一々意識していては落ち着かないので、基礎的な欲望は意識下に眠らせているわけである。意識を眠らせるという睡眠は煩悩を無意識化させる役割があり、これが理性的に生きることを可能にするということかもしれない。

繰り返すのです。毎日毎日死を繰り返して、そして人生を終えていくのです。こうして生きとし生けるものはすべて死を繰り返して生きているのです。そういう思想が大事ではないかと思います。

太陽エネルギーの時代へ

そしてやはり恩恵を受けているのは太陽、そして水です。これらはやはりしっかり考えないといけません。社会の近代化を進めたものは、石炭、石油という太陽の恩恵でできた化石燃料ですね。それを消費して使ってきました。そして文明を進めてきましたが、しかし今やそういう文明がどんなに危ないかが、科学的に明らかになってきました。そしてどこへ帰るか、やはり太陽に帰らなければいけません。太陽をはじめとする自然界のエネルギーを使うのです。太陽電池、風力発電などを使ってエネルギーを賄えば、人類はまだ存続することができるのです。地球の温暖化はそれほど進まなくてもすむのです。今は太陽エネルギーの時代だと私は思います。

だから私はもう一回太陽崇拝に帰れというのです。これはいわばアマテラス崇拝に帰れですが、今やアマテラスは日本だけのものではありません。あまねく世界にいる太陽、ラーの神と同じ崇拝に帰るのです。そして太陽のエネルギーを利用しましょう。太陽の恩恵を利用することです。私は本当に人類が真剣になれば、太陽エネルギーは今よりも十分の一の費用で、結構必要を満たせると思うのです。そうする時に、私は現代文明はまだ長持ちをすると考えます。

技術革命の前に思想革命を

私は八十三歳ですから私の時代に人類が滅びることはないです。私の方が先に死ぬのは確実ですが、やはり人類が早く滅びては困ります。何十万年も培《つちか》ってこれだけの文明を築いてきた人類が、たとえ五百年先であっても、滅びることはまずいです。だから根本的な技術革命は必要です。そして技術革命の前に思想革命が必要だと思います。太陽崇拝を伴った天台本覚論は、まさに新しい人類の救いの方向を示しているのではないかと思っています。

　私はそのような原理にもとづいて哲学をつくりたいと思うのですが、まだ五年間はかかります。五年経つと私は八十八歳ですから、ちょっと危ないです。十五年間はかかるとすると百歳まで生きないとできません。今は「百歳まで生きるぞ!」と決意しましてね、そう口に出していえば仏様は間違いなく百歳まで生かしてくださるに違いないと思っています。今日は日頃の思いを語る機会をつくっていただいて大変ありがとうございました。

＊総合地球環境学研究所・国際日本文化研究センター主催「山川草木の思想——地球環境問題を日本文化から考える」(二〇〇八年六月二十一日、京都産業会館シルクホール)

謡曲『鵺《ぬえ》』

作　世阿弥

頭は猿、尾は蛇、手足は虎のような怪物「鵺」が近衛天皇に憑《つ》き祟ろうとしたが、源頼政にかえって殺され葬り去られたという話。ここでは菅原道真のような徳の高い学者が怨霊になるのではなく、凶悪な妖獣が怨霊になり、それを鎮魂している。シテの鵺が自分の正体を明かし、退治された話をすると、そのシテが頼政を演じて鵺を退治する。そして頼政も結局は、平氏政権に叛乱を起こすので、鵺の運命を頼政は甘受せざるをえないのだ。鵺的性格というのは正体がはっきりしない性格を指していう。頼政は源氏なのに源義朝につかず、平氏政権に協力してきたが、結局以仁王《もちひとおう》を担いで反平氏叛乱《はんらん》に決起した。政治の世界はなかなかどちらが正義とは言い切れない面もあり、鵺的にならざるをえないのは人間の本質かもしれない。人間を超えた鵺に視点をおいて人間の苦悩を深く描いている見事な名作である。

謡曲『杜若《かきつばた》』

作　金春禅竹

ワキの旅の僧が三河八橋《みかわやつはし》の杜若を愛でていると里の娘が現われて、『伊勢物語』の在原業平《ありわらのなりひら》の「唐ごろも着つつ馴れにし妻しあれば　はるばる来ぬる旅をしぞおもふ」という「か・き・つ・ば・た」を頭にふった歌を紹介して、打ち解けたところで、僧を家に泊める。そこで唐衣を着て二条の后高子《たかいこ》に扮して舞う。僧に正体を尋ねられ、杜若の精だと明かす。実は杜若は高子のシンボル的存在でもある。そして業平は極楽の歌舞の菩薩の化現《けげん》なので、その歌は経文だという。だから非情の草木まで成仏できる機縁となるという。そうして夜が白々と明けるまで舞っていると、杜若の花も覚りの心が開けて、「草木国土悉皆成仏」が実感されたという曲である。

謡曲『芭蕉《ばしょう》』

作　禅竹

ワキ僧は楚の国の辺地の小水《しょうすい》という山中に住む天台僧。秋更けた頃、法華経を唱えている僧以外だれも住んでいないはずだが、若い女が尋ねてきて、ありがたいお経を聞かせてもらって、感動したので、庵に泊まらせて欲しいという。そこで法華経の女人往生の話などは非情草木の類までも頼もしいと女がいうと、僧は『法華経』によると草木成仏も疑いなしだという。その典拠は「薬草喩品《やくそうゆほん》」にあるという。つまり成仏の国土において、柳は緑、花は紅、そのままで存在している。つまり草も木もあるがままで覚りの状態なのだから、本覚だということである。その話にあまりに感銘しているものだから、僧が女人の素性を尋ねると、芭蕉の精だという。こうして芭蕉は納得して枯れていったという話である。

Ⅱ　聖徳太子と法隆寺

聖徳太子は私の恩人

聖徳太子について本を書いたのはだいぶ前でして、一番最初に書いたのは昭和四十七（一九七二）年だったと思います。『隠された十字架――法隆寺論』（新潮社）という本を出したのです。

その本を読まれた方もたくさんあると思いますが、法隆寺は聖徳太子の怨霊鎮魂の寺であるという説であります。これは全く今までの研究者にとっては思いがけない説でありまして、研究者たちは、だいたい黙ってました。そして陰で悪口をいっていました。しかしマスコミは大騒ぎしまして、本は大変売れました。その時、私は大学を辞めていて定収入はなかったのです▼1。ですから三年間、聖徳太子さんのおかげで家族は生活できたのです。そういう意味で聖徳太子は私にとって大変な恩人なのです。

法隆寺の謎を追いかけるようになった経緯ですが、私は法隆寺が大変

▼1　一九六九年一月、梅原猛は立命館大学を辞職している。当時立命館大学では、「立命館学園新聞」問題の処理がこじれて学園闘争が激化し、大学当局の処理にも納得いかない点もあり、梅原は辞職している。一九七二年四月に京都市立芸術大学教授に就任するまでの間、『隠された十字架―法隆寺論』『水底の歌――柿本人麿論』『神々の流《る》竄《ざん》』などのセンセーショナルな問題作を発表して「梅原古代学」を構築した。

好きなので、旧制高校の頃から何度も参拝しました。私が最初書いた本が一九六四年の『仏像――こころとかたち』（ＮＨＫ出版）という本です。ＮＨＫの番組を本にした私の最初の本です。この本には共著者がいました。望月信成《もちづきしんじょう》、佐和隆研《さわりゅうけん》先生との三人の共著です。仏像の形を望月信成▼2、佐和隆研▼3という仏教美術史研究の二人の大先生に語ってもらい、その心について論じたものですが、その時、私は三十九歳でした。それまで私は世界を変えるような立派な哲学の本を書くまでは、本は出すまいと思っていたのですが、二人の先生が書かれたというので、私も書かざるをえませんでした。しかしこの本は売れたのです。売れたばかりか毎日出版文化賞をいただきました。それで気をよくしてそれから次々と二百冊ほどの本を書きました。

法隆寺は怨霊鎮魂のために再建された

ところが法隆寺の仏像についてはよく分からないのです。望月先生に

▼2 **望月信成《もちづきしんじょう》** 仏教美術の権威。学生社から『阿弥陀如来』（一九九一年）、『地蔵菩薩』（一九八九年）、『神・仏と日本人』（一九八七年）などを出している。

▼3 **佐和隆研《さわりゅうけん》**（一九一一〜一九八三）密教美術の権威、仏教学者、真言宗の僧侶。元京都市立芸術大学学長。『佐和隆研著作集』全四巻（法藏館、一九九七年）など。

お伺いしますと、法隆寺という寺は全く分からない寺で、新しいものが出てくるたびに全く分からなくなる寺だと仰るのです。これはまあ仏像研究の第一人者がそう仰るのですから、間違いないと私は思いました。

そして分からない分からないで二十年ぐらい過ぎたのです。ある日ですね、『法隆寺伽藍縁起《ほうりゅうじがらんえんぎ》并《ならびに》流記資財帳《るきしざいちょう》』▼4という法隆寺の財産目録を読んでいまして、現存の法隆寺は再建されたものですが、法隆寺で聖徳太子一族を追い込んで皆殺しにした巨勢徳太《こせのとこた》という男が法隆寺に食封《じきふ》という年金にあたるものを授与したという話を発見してびっくりしたのです。なんでこの聖徳太子一族を殺した人間が、聖徳太子の寺である法隆寺に年金を授与するのか、そういうことを考えた時に私は、とたんに天龍寺のことを思い出したのです。天龍寺が、足利尊氏が自分が吉野に追いやって憤死させた後醍醐天皇の怨霊を鎮魂するために建てた寺であるという事実を思い出しました。

それじゃあ、やはり法隆寺も太子および太子一族の鎮魂の寺ではないかと思いまして、それで古い文献を調べました。また何べんも何べんも法隆寺に行きまして、この話は間違いないと確信したのです。

▼4 『法隆寺伽藍縁起《ほうりゅうじがらんえんぎ》并《ならびに》流記資財帳《るきしざいちょう》』によると、山背大兄皇子襲撃の現地部隊長だった巨勢徳太《こせのとこた》（徳陀古《とくだこ》）が大化三（六四七）年食封三百戸を法隆寺に寄贈していることになる。彼は大化の改新後、右大臣にまで出世している。

太子の一族は聖徳太子が亡くなって二十三年後皇極《こうぎょく》二年に皆殺しにされたのです。日本には聖徳太子のような優れた人が流罪《るざい》になったり死罪になったりしますと怨霊になるという信仰があります。太子自身が流罪になったり殺されたわけではないですが、太子一族が集団自決に追い詰められたということは、太子の霊に強い怨念を与えたはずです。

怨霊神になる条件

人間で神になる条件は二つあるのです。一つはその人が優れた人であること、もう一つは、その人が流罪になるか死罪になるかして、大変恨みをもって死んでいったと思われる場合です。江戸時代に徳川家康は神様になりましたが、それ以前は偉いだけでは神様になれません。必ず流罪か死罪になって怨みをもって死なないと神になれないのです。そういう悲惨な運命を被らないと神になれないので、聖徳太子はただ偉いだけでは神として、仏として祀られなかった、やはり聖徳太子の一族を時の政府が殺した。時の政府を後ろで支えている藤原氏が殺したのです。こういうことが聖徳太子を神にした、仏にしたのです。それで私は、聖徳太子は怨霊になったと考え、法隆寺は怨霊鎮魂の寺であるという説を出したのです。

この話は学者が想像しなかった説であり、学者たちは苦い顔をしましたが、大変評判になりまして、推理小説作家賞を受けないかという話がありました。「私のは推理小説ではありません」といってお断りしましたが、そういう形で話題になったのです。

最初は法隆寺は反対だったのですが、今は法隆寺も「梅原さんの説は正しい、ただ、怨霊鎮魂というのはまずいから、御霊《ごりょう》の供養《くよう》といっていただいたら私どももはじめから賛成したんだけれど」といわれるのです。でも御霊の供養ではベストセラーにはならないだろうと思います。この説はまず間違いないというように私は思っています。

ところで『隠された十字架』は死んでからの聖徳太子の運命を書いたものです。生きている時の聖徳太子はどんな人間だったたか、それを明らかにしなければならないと思いまして、私は、『隠された十字架』を書

いた後、五、六年夢中になって聖徳太子について研究しました。そして聖徳太子についての本を四冊書いたのです。▼5

最高金額の札は聖徳太子でないと

それで今日のお話は、死んでからのお話でなく、生きている時の聖徳太子のお話をしたいのですが、まずお札の話です。一万円札は今は福沢諭吉に代わりました。代わってからよくないことが起こりましたね、日本は。やはり一番最高額のお札は聖徳太子であるべきです。なぜかといいますと、聖徳太子は日本をつくった人ですが、福沢諭吉は何をつくったのでしょう。慶応大学をつくったのです。日本を近代化する思想をつくった人ですが、日本をつくった人ではありません。

やはり日本をつくった人を日本の最高金額の札にすべきです。私は一万円札を福沢諭吉に変える時に反対を唱えて、小松左京君と一緒に「聖徳太子を守る会」をつくろうとしたら、時の大蔵大臣の竹下登▼6さんから

▼5　小学館より『聖徳太子』四部作を一九八〇年から八五年の間に刊行した。『聖徳太子Ⅰ　仏教の勝利』、『聖徳太子Ⅱ　憲法十七条』、『聖徳太子Ⅲ　東アジアの嵐の中で』、『聖徳太子Ⅳ　理想家の孤独』。

▼6竹下登（一九二四～二〇〇〇）　大平内閣、中曽根内閣で大蔵大臣を歴任。一九八四年新紙幣発行に際して、最初の大蔵省理財局の案では、十万円札が聖徳太子、五万円札が野口英世、一万円札が福沢諭吉と予定されていた。しかし十万円札と五万円札の発行が中止され、一万円札の福沢諭吉が最高額紙幣の人となった。竹下は一九八七年から一九八九年総理大臣としてふるさと創生一億円、消費税導入などを行う。リクルート事件により総辞職。

呼び出しがありまして、どうしても先生に会いたいというので、大蔵大臣が会いたいというのだから珍しいことだと思って会いに行きましたら、「先生、聖徳太子を守る会を待ってくれませんか（竹下氏の物真似で）」というのです。

「今度必ず五万円札を出す時には聖徳太子にしますから待ってください」というものだから、私は竹下さんの約束を信じて、今でも待っていますが、さっぱり五万円札は出ません。まあ政治家というものはうまいこと人を騙すものですね。塩川正十郎先生（パネリストの一人）は別かもしれませんが。竹下さんという人は、まあいい人なんですけどね。いい人に騙されたのです。だけどやっぱり私は日本をつくった聖徳太子が最高金額の札を飾るべきだと今でも思っています。

実力のある徳のある人物を登用する

それじゃあどのようにして聖徳太子は日本をつくったのでしょう。まず律令という法にもとづく国家、法治国家、そして官僚制国家の基礎をつくったのは聖徳太子です。その場合、官僚制というのは豪族の血統で役職につくのではなくて、実力で役職に登用されるという制度ですよ。そういう意味での官僚制の基礎をつくったのは聖徳太子です。

それは「冠位十二階▼7」といいます。十二階の役の職をこしらえて、それで人材登用を図ったのです。貴族であろうが庶民であろうが、あまねく才能があり徳のある人を役職に採用するというようにして官僚制の基礎をつくったのです。これは律令国家の柱になる官僚制の基礎ですから、その基礎を聖徳太子がつくったといえます。それで身分の低い人をあえて重要な官僚として登用したのです。

外務大臣にあたるものに小野妹子《おののいもこ》▼8を下級貴族から採用しました。大蔵大臣にあたるものに秦河勝《はたのかわかつ》を登用しました。彼は完全に帰化の民ですし、財産はもっていますが、身分は低いのです。それを大蔵大臣ぐらいの地位にすえたのです。見事なこれは人材登用です。見事に官僚制の基礎をつくったのです。

▼7 **冠位十二階**　六〇三年に定められた位階の制度。徳・仁・礼・信・義・智に、それぞれ大小をつけて十二種の位にした。それを冠の色によって区別した。個人の能力や功労に応じて位を与えるようにした、つまり氏や姓にかかわりなく能力のある者を役人にしようとした制度である。

▼8 **小野妹子**《おののいもこ》（生没年不詳）　六〇七年第二回と六〇九年第三回の遣隋使。「日出づる処の天子、書を日没する処の天子に致す。恙なきや（「日出處天子致書日没處天子無恙云云」）」という書を煬帝に渡したが、その返書は百済で紛失したことになっている。おそらく公開がはばかれたのでそういうことにしたらしい。遣隋使の功績により大徳にまで出世した。

和があって議論すれば理に適う

その精神を示すものとして『憲法十七条』という、はじめての憲法をつくったのです。この憲法は法律であると同時に、道徳規範でもあるのです。今から見れば、法律より道徳の規範に近いのです。その道徳は仏教を基本とします。

この憲法の第一条に「和を以って貴しとなす」というのがあります。やっぱり日本の国には和が大切なのです。和というものは、仏教の精神ですが、儒教にも、道教にもあります。仏教を基本にしてすべての宗教を統一するのが、聖徳太子の立場ですが、その中心を和というものにおきました。この和は決して上から命令するような和ではないのです。和があれば上下が議論する。和があって議論すれば、必ず理を得る、理屈が通るというのですよ。[▼9]

会社でも発展する会社はやはり上下に和があるのです。そこで議論し

▼9　一つに曰わく、和を以て貴しと爲し、忤《さから》ふことなきを宗《むね》と爲《な》せ。人皆黨《たむら》り有り、亦達れる者少なし、是れ以て或は君父《くんぷ》に順《したが》はず。また隣里《りんり》に違《たが》う。しかれども、上和らぎ下睦びて、事を論《あげつら》うに諧《かな》うときは、事理自ずからに通う。何事か成らざらん。

合えます。和があれば、こういう製品をつくって、こうしたら会社はよくなるに違いない、国でも同じです。国に和があればより議論ができるのです。そうしたことができたら、必ず理に適った政治ができるわけです。議論を可能にする和なのです。それで筋の通った結論が出れば、必ず世の中はうまくいくという、そういう考え方なのです。これは私は大変よい考え方だと思うのです。

そして『憲法十七条』を読みますと、今の裁判官は金をもっている人に甘い、貧乏人には辛いと書いてありまして、そんな不公平な裁判をしてはいけないとあります。それからおべっか焼きはいけないというのです。上の人には下の過ちを説き、下の人には上の過ちを説く、そういう人間は一番いけないのです。本当にその通りです▼10。

そして朝早く役所に入り、夜遅くまで務めなさいというのです。これはやはり日本の官僚制の一番大切な道徳が、聖徳太子によって定められたと私は思います。このように律令制の基礎をつくったのは太子の功績です▼11。

▼10 五つに曰わく、餐《さん》を絶ち欲することを棄てて、明らかに訴訟を弁めよ。其れ百姓の訟、一日に千事あり。一日すらもなおしかるを、いわんや歳《とし》を累ねてをや。頃《このごろ》訟《しょう》を治《おさ》むる者、利を得て常とし、賄《まいない》を見ては 讞《ことわりもう》すを聴く。すなわち財有るものが訟は、石をもて水に投ぐるが如し。乏しき者の訴は、水をもて石に投ぐるに似たり。是をもって貧しき民は、所由《せんすべ》を知らず。臣の道また焉《ここ》に闕《か》けぬ。

▼11 八つに曰わく、群卿百寮《まちきみたち》、早く朝《まい》りて晏《おそ》く退でよ。公の事監靡《わざもろきな》し。終日に尽くし難し。是をもって、遅く朝るときは 急《すみやけ》きに逮ばず。早く退ずるときは必ず事尽きず。

日本の律令と藤原氏の独裁

この律令制は藤原鎌足の息子である藤原不比等《ふひと》によって完成されまして、それが大宝律令および養老律令となります。だけどそこには聖徳太子の深い理想はなくなってしまいます。法律としては完成されますが、高い精神の理想は不比等にはないのです。

その代わり、不比等は自分の氏族の利益を律令の中に巧妙に持ち込みます。これは大したものです。天皇の力を弱くして、そして太政官の力を強くします。中国の隋唐の律令とはそこが違うところですね。隋唐では皇帝が絶対なのです。日本の律令は天皇の力は弱く、太政官の力は強いのです。▼12 こういうように中国の律令を変形し、それで太政官を押さえているのは藤原氏なのです。日本の律令は藤原独裁体制を可能にする律令なのです。

そのおかげで、ずーっと藤原氏は栄えていました。五摂家といって政

▼12 唐の官制では、中書省《ちゅうしょしょう》（詔勅を作成・記録・伝達する）と、門下《もんか》省《しょう》（中書省の詔勅案を審査する）、尚書省《しょうしょしょう》（詔勅を施行し百官を統括する）の「三省」が皇帝権力によって統合されているが、日本の二官八省制では、八省を太政官が統合する役割を担っている。

治を執っていたのは、全部藤原氏です。日本人の姓も藤原氏が元になった姓が多いでしょう。加藤さんだ、伊藤さんだ、佐藤さんだ、斉藤さんだって、そういう藤の付く姓の人が日本人の二十分の一ぐらいあるでしょうね。しかしそれはだいたい田舎の藤原氏でして、そういう人は本当に藤原氏かどうか疑問なのです。藤原氏の本家は近衛だとか、九条だとかそういう自分の住んでいる土地の名前を姓にしているのです。

藤原氏はずーっとずーっと日本の政治を執ってきたのです。近衛文麿《このえふみまろ》さんなんかあの十五年戦争の時まで政治を執っていました。こういう藤原氏の独裁体制を許すようなものを日本の律令体制は孕んでいたわけです。聖徳太子はそうじゃないのです。聖徳太子は自分の一族なんてことは考えません。そうじゃなくてもっぱら日本の将来のことを考えていました、だから一族は滅びてしまったのです。

それで日本が新しくなろうとすると、聖徳太子のことが想起されます。建武《けんむ》の中興の時にやはり聖徳太子に帰れといわれました。貞永式目《じょうえいしきもく》もやはり『憲法十七条』を三倍にした五十一条です。そしてまた『五箇条の御誓文』というのも『憲法十七条』の精神に学んで日本の民主主義の精神を表明したものです。

日本の政治家は外交感覚がない

これまでが内政ですが、これから外交ですね。聖徳太子は、外交も大変上手なのです。やはり外交というものは、ある種のマキャベリズムが必要なのです。各国の力関係を考えて、その中で自国がどうして生きるか、どのようにして自国に利益をもたらすかということを考えるマキャベリズムが外交には必要なのですが、日本の政治家を見ますと、全く外交は下手なのです。それはやはり島国のせいでしょうか、あまり外交の感覚がありませんね。

『日本書紀』や『続《しょく》日本紀』を読みますと、日本人が外国に行ったところで記事は終わるのです。外国で何をしたのかは全く書かれていないのですね。そういう日本の歴史の編集方針が、日本人の政治家の関心が国内に限られて、外交は考慮の外にあったということを物語ります。それでは優れた外交感覚をもった政治家が出現するはずはありません。

聖徳太子外交のマキャベリズム

ところが、その中にあって聖徳太子は大変すばらしい外交感覚をもっていました。彼は決して軍隊をおろそかにしていないのです。彼は強い軍隊をもっていたという噂があります。そして半島で高句麗《こうくり》、百済《くだら》、新羅《しらぎ》が対決している時に、彼は新羅を征伐するために、大宰府《だざいふ》まで兵を進めたことがあるのです。

彼は軍隊というものを重視したと思いますが、しかし進めたけれど、戦いはしないのです。そして進めたことによって外交を有利にしていったのです。兵を進めて新羅を牽制したために新羅は百済や高句麗に対して侵略できなかったということです。

こうして日本は百済や高句麗に貸しをつくって、経済的文化的な援助を百済や高句麗から引き出しているのです。その援助で飛鳥寺と呼ばれている日本最初の大寺院である法興寺をつくりました[13]。法興寺は高句麗様式なのです。それは高句麗の経済的援助でできあがったことを物語ります。高句麗からお金がたくさん来ました。そして学者がやってきました。このような文化的援助は、強いといわれる日本の軍隊を大宰府まで兵を進めたおかげです。

日本を文化国家にするというのは、これは外交の力なのです。こういうふうに百済および高句麗と関係をしながら、さらにこの力をてことして中国の隋と直接交易をしようと、小野妹子を遣隋使にして送るのです。

日出ずる処の天子

その時に隋の皇帝にあてた書に「日出ずる処の天子、書を日没する処の天子に致す、恙《つつが》なきや」とありましたので、隋の皇帝煬帝《ようだい》が大変怒ったという話があります。

この「日出ずる処」というのは日の出のところという意味だから

▼13　法興寺がつくられ始めたのは、蘇我・物部戦争で物部氏が滅ぼされた翌年の五八八年とされている。

「東」ですね。「東の国の日本の天皇が西の国の皇帝に使いを送った」ということです。「天皇」という言葉をおそらく最初に用いたのは聖徳太子です。

「日本」という国号も聖徳太子からでしょう。これは日の出の国という意味なのです。つまり東の国ですね。それで日の入りつまり西の国に書を送ったということです。こういう国書はやはり煬帝を大変怒らせます。

なぜ怒ったかといいますと、中国はやはり周囲の国と対等の交わりを結んだことはなかったからです。いつも中国は周囲の国を属国と見たのです。ですから朝貢という形でしか外交はなかったのです。それを堂々と対等の外交関係を聖徳太子は求めたのでありまして、それは中国隋の煬帝を怒らしたと思うのですが、でも大丈夫、これで決して外交は終わりにはならなかったのです。隋は使節を遣わしたのですから、これで対等な外交関係が成立したのです。

そして国書を携えて小野妹子は戻ってきたのですが、国書は百済で盗まれたということです。▼14 国書はおそらく対等関係の国書ではなかったの

▼14 『日本書紀』には「臣參還之時　唐帝以書授臣　然經過百濟國之日　百濟人探以掠取　是以不得上」とある。つまり小野妹子は帰る時に煬帝から国書を授けられたのだが、百済の国を通った際に百済人に盗まれてしまって、差し出すことができないと述べている。ここでは隋ではなく唐になっているが、それは『日本書紀』編纂時に唐であったからだとされている。

で、わざと示し合わして盗まれたことにしたのじゃないかと私は思います。ともかく太子は、外交においても達人です。

遣隋使で文化の導入

それから遣隋使を送っています。これは日本の若い俊才を選りすぐって隋に留学させる制度です。しかもその期間が長い、二十年です。二十年間中国で勉強しなさい、それではじめて進んだ文化がマスターできるのだということでしょう。短期の人は一年間留まることになっていました。▼15

これが大変日本の文化を発展させたのです。こういうことは世界でまれです。アメリカの日本大使であったライシャワー氏は、危険を冒《おか》してただ文化受容のために使節を派遣したというのは、世界の歴史の中でまれであるといってます。戦争で攻めていくこともあるし、商売で船を出すこともあります。でもただ文化受容のためにそんな何百年の間使節を

▼15　遣唐使に随行した留学生や留学僧は次のように分類された。留学生《るがくしょう》（長期留学生）、学問僧《がくもんそう》（長期留学僧）、請益生《しょうやくしょう》（短期留学生）、還学僧《げんがくそう》（短期留学僧）。

送り続けたのは、世界の歴史の中で珍しいことだとほめているのです。

それで日本の文化は飛躍的に進歩しました。吉備真備《きびまきび》、僧玄昉《げんぼう》などの、唐の皇帝にも大変認められた大秀才が出まして、彼らが中国の文化をもたらしたのです。最後に平安時代になると最澄《さいちょう》と空海《くうかい》が出ました。最澄は短期留学僧です。空海は長期留学僧です。

空海は、本当は二十年間滞在しなくてはならないところだったのですが、二十年もいたら活躍はできないと思ったのでしょう。ちょうど唐は衰え始めた時でして、期日を一年五ヶ月に短縮して戻ってきて、真言密教の仏教と多くの文化を日本にもたらしました。これがどれだけ日本の文化を発展させたか分かりません。

聖徳太子の外交ですが、彼はマキャベリストとして優れていたばかりではなくて、このように秀才を選りすぐって海外留学させ先進文化を輸入するということを始めたのです。寛平《かんぴょう》六（八九四）年菅原道真《すがわらのみちざね》の時に遣唐使は廃止になります。道真は中国の事情をよく知っていました。既に唐は衰えていまして、治安が悪くなっていて危ないわけですね。日本は既に唐から文化を学んでだいぶ発展していましたので、これからは文化を創造する時代だと考えまして、派遣を中止しました。これによって国風文化が起こり、『源氏物語』のようなすばらしい国風の小説が日本から生み出されました。しかしそれまで何百年の間文化を中国から輸入したのです。この制度は明治以後の留学政策に継承されたのです。

近代日本が短期間で文明開化に成功したのは、日本が欧米諸国にたくさんの留学生を送ったからです。そして新しい学問を学んでこいと励ましまして、最先端の学問を学ばせて、日本を近代化させたのです。聖徳太子の知恵は近代の日本においても活かされていると思います。

津田左右吉は伝承を滅ぼした

このように外交家としてもすばらしいのですが、聖徳太子自身も大変な文化人でした。『勝鬘経《しょうまんぎょう》』と『法華経《ほけきょう》』の講義をしたのです。皇太子が天皇に仏教の経典の講義をするというのは、空前絶後のことです。それればかりかそれに『維摩経《ゆいまぎょう》』を加えた『三経義疏《さんぎょうのぎしょ》』というのをつくったといわれているわけです。私は、この『三経義疏』を読んでみたのですが、援助者はあったかもしれませんが、やはり私はこれは太子がつくられたものに違いないと思います。

津田左右吉《つだそうきち》▼16という歴史家は、皇国史観を批判しました。その点で戦後日本の歴史学者たちは津田左右吉を持ち上げたのです。私が若い時に津田左右吉の批判を書いたらさんざん左翼の学者から叩かれました。津田左右吉は歴史界の良心だといわれました。だけど津田左右吉は間違っているのです。日本の『古事記』『日本書紀』の神話をはじめ、応神《おうじん》天皇以前の記事はみんな作り事だ、嘘だといったのです。今でも歴史教育は応神天皇以前のことは嘘だという判断で歴史教育をしています。それは決して嘘じゃないのです。やはり伝承なのです。ずーっと伝えられた伝承なのです。伝承の中に真実がこめられているのです。

だから私は津田は日本の大切な伝承を滅ぼした張本人だと思います。彼は聖徳太子の『三経義疏』ももちろん偽書だといい、そして『憲法十七条』すら太子のつくったものではないというのです。『憲法十七条』は、私は何べんも何べんも読みましたが、あれは名文なのです。名文で

▼16 **津田左右吉**《つだそうきち》（一八七三～一九六一）元々は東洋史が専門だったが、実証史学の方法を日本の古代史に適用して、『神代史の研究』（岩波書店、一九二四年）を刊行して話題を呼んだ。史料がないのに『古事記』『日本書紀』で当時の歴史を再構成してはならないという原則である。たとえるならば、『平家物語』や『太平記』の話と史実を混同してはならないということである。これを記紀に当てはめると皇室の権威が損なわれるというので、『大日本帝国憲法』下で禁書になったりしたのである。ただし伝承が単なる作り話でしかないと言い切れないこともあるので、そこを梅原は批判しているわけである。

情熱がこもっているのです。こんな情熱のこもっている文章は偽書ではありません。

菩薩太子の仏教研究

おそらく津田は現代の政治家を基準に判断したのでしょう。政治家を考えれば、政治的に多忙な聖徳太子がそんなお経の注釈などできるはずがないといいました。だけどそれは違うのです。やはり当時の中国の皇帝はほとんどお経の注釈書をつくっています。皇帝というものは、お経の注釈が書けるような文化人でなければならないという「菩薩天子」▼17の思想が強かったのです。聖徳太子はその中国の「菩薩天子」の理想に叶おうとしたのです。みずから夢殿という書斎をつくって、そこに晩年籠もりまして、そして夢の中でいろんな高僧たちが聖徳太子に暗示を与えました。『三経義疏』を聖徳太子の著者だとするのは、私は間違いがないと思います。これは日本ではじめてのお経の注釈書です。

▼17 **菩薩天子**（梁《りょう》の武帝）（四六四〜五四九）梁の皇帝で姓名は蕭衍《しょうえん》。南斉を滅ぼし、梁を建国した。仏教を篤く信仰して寺院に捨身して、官僚が寺院に連れ戻しに行ったりした。他にも釈迦仏像や経典をはじめて日本に伝えた百済の聖明王《せいめいおう》（?〜五五四）が有名。なお聖徳太子は煬帝宛の国書で煬帝を「海西の菩薩天子」と呼んでいる。煬帝は天台智顗《てんだいちぎ》に篤く帰依《きえ》し、仏教を保護していた。

どうして聖徳太子の作だといえるかといいますと、割合に間違いが多いのです。今の学生だったら大学院程度の知識を間違っているのです。間違っている割には大胆で非常に卓説があるのです。やはり素人ですからね、間違いますね、聖徳太子も。だけどいってることは非常に卓説なのです。だから私はこれは太子の作だと思います。特に『勝鬘経義疏』は太子の作に違いないと考えています。だから聖徳太子は、そういうルネッサンス的な文化人です。政治家であり、外交官であり、学者であり、芸術家であるという、そういう人物なのです。だからまあすごい人物です。

死後怨霊になった聖徳太子

そういうすばらしい人ですが、もう一つすばらしいことがあるのです。それは太子は死後怨霊になったということです。なかなか怨霊にはなれませんよ。日本では超一流の人間はたいがい怨霊です。聖徳太子、柿本人麿、それから菅原道真、世阿弥《ぜあみ》、利休《りきゅう》、超一流の人間はみんな怨霊なのです。私は実は超一流の人間になろうと思ったのですが、やはり怨霊にはなれそうもないですね。やはり私は超一流でなくても結構です。一流半か二流ぐらいで結構です。まあ流罪や死罪にならない方がいいですね。八十歳を超えたのですから、今から流人《るにん》になったら大変ですから。

超一流の人間は理想が高すぎるのですよ。それで時代に合わないのです。聖徳太子の考えた理想は、高いのです。自家の利益なんか考えずに、日本の千年、二千年の将来のことを考えています。それでだんだんだんだん聖徳太子の一族は孤立していきました、太子は蘇我氏に属するのですが、蘇我氏との間に溝ができるのです。蘇我権力というのは、太子一族の精神的権威と、それから蘇我氏一族の実際の政治的権勢の両方でもっていたのです。

鎌足の陰謀と怨霊への恐れ

ところがそこで隙が出てきて、それを狙ったのが中臣鎌足です。まず入鹿をそそのかし、山背大兄皇子を長とする太子一族を滅ぼします。それが皇極二（六四三）年です。それから二年後、裸になった権力である蘇我氏を滅ぼしたのです。巧妙なクーデターです。

これをやったのはやはり、天智天皇と中臣鎌足だということです。鎌足は『六韜《りくとう》』▼18・『三略《さんりゃく》』▼19を暗唱するほど読み込んでいたといいますから、マキャベリストです。すごい男です。見事に政治的なクーデターを成功させました。

最近分かったことですが、蘇我権力の経済的な支えである秦河勝《はたのかわかつ》という京都を豊かな町にした男を皇極三年に流罪しているのです。四十七士で有名な赤穂《あこう》の坂越《さこし》に流罪にしています。まず精神的シンボルを滅ぼして、次に経済的な支えを滅ぼして、とうとう皇極四年に裸になった蘇

▼18『六韜《りくとう》』　中国の兵法書。文、武、龍、虎、豹、犬の6巻からなる。特に有名なのが『虎の巻』で、兵法の極意を示す慣用句になっている。太公望《たいこうぼう》が書いたというのは単なる伝説。

▼19『三略《さんりゃく》』　上略、中略、下略の構成になっている兵法書で、神仙の黄石公《こうせきこう》が書いたというのも伝説である。

我氏を滅ぼしました。これはやはり革命のやり方として学んだ方がいいですね。レーニン以上だと思いますよ、中臣鎌足というのは。

ところがそのように滅ぼしてしまいますと、天智天皇と藤原鎌足の子孫たちは太子に対する恐怖をもちます。太子の怨霊の復讐を恐れるのです。それで『日本書紀』ができたのは太子が亡くなられてちょうど百年目にあたるのですが、『日本書紀』は非常に客観的な歴史書なのですが、太子に関してはおかしいのです。だいたい「聖徳太子」という名前もそれで付けられたのです。「徳」の付く天皇はみんな怪しいのです。「崇徳《すとく》上皇」「安徳《あんとく》天皇」、「徳」の付く人はたいてい流罪になるか殺されています。文徳《もんとく》天皇もその名から見ると怪しいのです。徳のある人としてほめたたえて、怨霊を鎮魂しているのです。

秦河勝はクリスチャンだったのか

そのように太子はほめたたえられています。だから厩《うまや》で生まれるでしょう。「イエス伝」がどこかに入っているのです。つまり聖者としてほめたたえているのです。片岡山に旅人の行き倒れを埋葬したら、数日後に屍がなくなって、衣服が棺の上にたたんであったという、復活を示唆するような逸話も「イエス伝」が入っているのじゃないかと思われますね。これはだんだん分かってきたのですが、どうも秦河勝がクリスチャンじゃなかったかとこの頃考えているのです。▼20

赤穂の坂越の秦河勝を祀った大避《おおさけ》神社がありますが、十二という数字に大変縁があります。河勝の霊を鎮魂する祭の船渡御《ふなとぎょ》の船が十二艘、その祭を司る家柄が十二軒、石の階段が十二段、井戸の石柱が十二本、面白いのは、お供え物は全部十二の倍数なのです。だから魚が十二匹、大根が十二本、賽銭も一円十二銭から千二百円から一万二千円なのです。全部十二の倍数が賽銭なのです。おかしいでしょう。十二というのはユダヤの数ですから、だんだんだんだん怪しくなってきましたね。

太秦《うずまさ》の広隆寺がそうなんです。やはり聖徳太子と秦河勝を祀っているのです。当時のキリスト教は景教といいます。ネストリウス派のキリスト教ですが、どうもその影がさしているような気がします。これについ

▼20 ネストリウス派のキリスト教はペルシアから唐の太宗の時代に長安に伝来して景教と呼ばれていたといわれる。景教寺院は大秦寺《だいしんじ》と呼ばれていたらしい。秦氏の山背の土地は太秦と呼ばれていた。ところで西域諸国のウィグルあたりに、「三日月王国」という国があった。『資治通鑑《しじつがん》』では「弓月《クルジャ》王国」と呼ばれている。秦氏の祖先は弓月君なので、西域から景教を伝えてきた人の子孫という解釈があるようだ。

ては近く出版予定の『うつぼ舟Ⅰ　翁と河勝』（角川学芸出版、二〇〇八年十二月刊）という本で詳しく触れますので、ここでは控えさしていただきます。

それはともかくとしまして、太子が怨霊になったのは間違いないのです。そして太子が神様だとされますが、神様になったのは怨霊になったということです。何かことが起こるたびにその太子が予言します。怨霊の中でも太子の怨霊は特に強い怨霊ですので、何か危機にあった時に太子の怨霊が呼び出されて、危機を解決するお告げを与えます。というような歴史を繰り返してまいりました。これも日本の伝統です。

まあ私は怨霊の研究家ですが、最近また秦河勝という怨霊に出会いまして、世阿弥という秦河勝の子孫、この世阿弥も怨霊になったのです。怨霊がいつも私に伴っておりますが、やはり太子は怨霊の中の怨霊、神の中の神でありまして、やはり危機には必ず太子のお告げがあると思います。内政、外交、文化共にやはり太子に学ぶべきものが多いのじゃないかと考えております。皆さんのお話をお伺いしまして、一緒に考えていこうと存じます。それじゃあこれで私の講演を終わります。

＊大和ハウス工業株式会社主催、石橋信夫記念館開館1周年特別企画・大和ハウス文化フォーラム「聖徳太子なら今の日本をどう活性化するか」（二〇〇八年五月十七日、大和ハウス工業大阪本社二階大ホール）

Ⅲ　親鸞のこころ

『歎異抄』中心の親鸞理解

親鸞《しんらん》聖人は今でも大変人気があります。他の日本仏教の祖師とは比べものにならないほど人気があるのです。空海《くうかい》さんも偉いし、最澄《さいちょう》さんも偉いし、法然《ほうねん》さんや道元《どうげん》さんも偉いですが、その人気においては親鸞さんにとうていおよびません。親鸞さんは日本でもっとも人気の高い祖師です。

しかし明治以来、親鸞は『歎異抄《たんにしょう》』という本を中心に理解されてきたのです。『歎異抄』という本は唯円《ゆいえん》という親鸞の弟子が書いたものです。唯円[1]は親鸞の助手のような仕事をしていたので、親鸞の語った言葉を聴きその行動をずっと見てきたのです。その親鸞の言葉と行動を唯円が師の没後三十年に、その説が誤られるのを恐れて語ったものです。これはなかなかいいものです。いいものですが、私は親鸞を理解するのには、やはりどんな優れた弟子であっても、弟子の著書ではなくて、親鸞

▼1 唯円《ゆいえん》（一二二二～一二八九）『歎異抄』（一二八八年前後成立）の著者とされている。親鸞の晩年の弟子である。親鸞の曾孫覚如《かくにょ》が浄土真宗を立ち上げるに際して、直弟子であった唯円から親鸞の教えを学ぼうとして覚如が執筆を依頼したらしい。

自身の著書にあたらなくてはならないと思うのです。親鸞自身の著書といえば『教行信証《きょうぎょうしんしょう》』です。これは大変ぶ厚い本で難しいので、『教行信証』を読んでいる人は非常に少ないのです。それに比べて『歎異抄』は楽に読めるのです。私も注釈書を出しておりますす。それで親鸞はもっぱら『歎異抄』から理解されてきたと思います。

親鸞の悪は浮気の悪ではない

その中でやはり人の心を一番打ったのは、『歎異抄』の第三章の、「善人なほもて往生をとぐ、いはんや悪人をや」という言葉です。「善人が極楽浄土に往けるのだから、まして悪人は往けないはずはない」という意味です。普通の考えとは逆ですね。普通なら「悪人なほもて往生をとぐ、いはんや善人をや」です。そうでしょう、悪人だって極楽浄土へ往けるのだから、善人が往けるに決まっているはずです。ところが『歎異抄』ではどうも悪人の方が一番に極楽浄土に往けるのだという。これは非常に逆説的な言葉ですね。この言葉が大変人気があるのです。現代人にはやはり悪人が多いですからね。自分はどっか悪いことをしている、このように多くの人は思っています。そういう自分が救われる。それはすばらしい。だからこの言葉は非常に魅力のある言葉に思われるのです。

この『歎異抄』を近代になってはやらせたのは、清沢満之《きよざわまんし》▼2という思想家です。名古屋出身で、碧南《へきなん》の寺に養子に入った人で、すごく情熱的な人だったのです。彼は三十八歳で真宗大学（現大谷大学）の学監になっています。一八八七年に東京大学文学部哲学科を首席で卒業したすごい秀才で、真宗改革の情熱に燃えていました。清沢満之が『歎異抄』を読んですばらしいといいだしたのです。

しかし清沢満之は『歎異抄』についてあまり書いていないのですが、彼の弟子たちが師の遺志を継いで『歎異抄』を普及したのです。暁烏《あけがらす》敏《はや》▼3という人がいました。彼は北陸の僧侶ですが、やはりこの人が「悪人《あくにん》正機説《しょうきせつ》」の普及に大きな役割を果したのです。

暁烏敏という人は女性の魅力に弱い人でしてね、あちこちで浮気しているのです。浮気するごとに「まあ悪いことをした、私は悪人です。だ

▼2 **清沢満之《きよざわまんし》**（一八六三〜一九〇三）明治時代に活躍した浄土真宗大谷派の僧侶、哲学者。一八八七年に東京大学文学部哲学科を主席で卒業している。東洋大学で宗教哲学を講義、真宗大学学監などして、碧南《へきなん》の西方寺の住職になる。著書は『宗教哲学骸骨』『他力門哲学』『我が信念』など。

▼3 **暁烏敏《あけがらすはや》**（一八七七〜一九五四）一九〇〇年に清沢満之が主宰する私塾浩々洞に入洞、雑誌『精神界』を刊行する。そこに「『歎異抄』を読む」を連載した。戦後は真宗大谷派宗務総長に就任した。

けど阿弥陀《あみだ》様と親鸞聖人のおかげで救われました」というようなことを書いているのです。

その文章はなかなかいいのです。この人はね、七四歳になって真宗大谷派の宗務総長に就任しています。でも七十になっても女遊びがやめられないのです。こりゃあ病気ですね。でもその懺悔《ざんげ》がまことに巧妙で、それで悪人正機説をはやらしたのです。私はそれを読みましたけれど、どっかやはり違いますね。「浮気の弁解に親鸞聖人を使うのはよくないぞ」と彼にいいたいです。親鸞の悪とは何か？　親鸞の悪とは浮気ではないのです。女性が欲しくてしょうがないという、そんなことが悪じゃないのです。

親鸞の悪は父殺しである

親鸞の悪というのは人殺し、しかも父親殺しです。それは親鸞の主著『教行信証』の中に出てくるのですよ、「信の巻」▼4というところです。イ

▼4　『教行信証』「信巻」（『日本思想体系11．親鸞』、岩波書店、一九七一年、一一三頁）より引用する。「大臣即ち言《まう》さく「やや願はくは大王、愁苦を放捨せよ。王聞かずや。むかし王ありき、なづけて羅摩と曰ひき。その父を害し已《おわ》りて王位を紹《つ》ぐことを得たりき。跋提大王・毘楼真王・那睺沙王・迦帝迦王・毘舎佉王・月光明王・愛王・持多人王、かくのごときらの王、皆その父を害して王位を紹ぐことを得たりき。しかるに、ひとりとして王の地獄に入る者なし。いま現在に毘瑠璃王・優陀邪王・悪性王・鼠王・蓮華王、かくのごときらの王、皆その父を害せりき。ことごとくひとりとして王の愁悩《しゅうのう》を生ずる者なし。地獄・餓鬼・天中と言ふといへども、たれか見るものあるや。大王、ただ二つの有あり。一つには人道、二つには畜生なり。この二つありといへども、因縁生にあらず因縁死にあらず。もし因縁にあらずは、なにものか善悪あらむ。やや願はくは大王、愁怖《しゅうふ》を懐《いだ》くことなかれ。何を以ての故に、もし常に愁苦《しゅうく》すれ

ンドで父親殺しをした王の名を羅列しているのです。どうして親鸞は父親殺しをした王の名を羅列したのでしょう。異常ですね。

『歎異抄』に親鸞が唯円にいったこういう言葉があるのです。「お前は人を千人殺したら極楽浄土に往けるといったらどうするのだ」といったのです。唯円は「私はそんなことはできません」というのです。やはり人間というのは人を殺すような性《さが》をもっている。機縁がないから人を殺さないだけで、本来人を殺すような性をもっている。親鸞の語る悪の自覚は人殺しなのです。特に父親殺しです。

これは皆さん、父親殺しといったらドフトエフスキーの『カラマーゾフの兄弟』を思い出します。私はこれは本当に大文学だと思いますが、そのテーマは父親殺しなのです。親鸞は自分の心のどこかに父殺しの悪があると語っているように思われる。これは私は異常なことだと思わざるをえないのです。

そうしてみますと、やはり近代の真宗学は悪人正機説で、しかもその場合の悪というのはだいたい浮気の悪です。そういう悪に限られているのですが、「それは甘い」ですね。もっと深い思想が親鸞の中には隠れ

ば、愁《うれ》へついに増長す、……」。

ているのです。今人殺しというものがたくさん起こっていますね。父殺し、子殺し、本当に毎日の新聞では恐ろしい殺しが紙面を占めているのです。こういうことを考えますと、もう一度親鸞の深い悪の自覚のことを考えなければと思わざるをえないのです。

親鸞の書いた書には殺気がある

そういうことを考えますと、『歎異抄』はちょっと甘さがある。いい本ですが、親鸞の思想の一部しか説いてないのです。やはり親鸞の本当の思想を明らかにしなければなりません。それは何によるかといいますと、やはり主著『教行信証』です。親鸞が渾身《こんしん》の力をこめて書いた本ですね。まあ六十歳頃に初稿本が成立しています。親鸞は九十歳まで生きましたが、最後まで『教行信証』に手を加えて、いろいろ直しているのです。そういう渾身の書である『教行信証』によらなくてはなりません。あるいは『教行信証』は大著でむつかしいので普通の人はなかなか読めないということなら、『教行信証』の中に「正信偈《しょうしんげ》」という『教行信証』の目玉のようなすばらしい宗教的な漢詩があります。これだけでも読む必要があります。これはすばらしいです。親鸞紹介の教養書を読むのもよろしいけどね、親鸞の書いた書にはとにかく殺気があるのです。それから親鸞には和讃《わさん》があります。

この和讃がとてもいいのです。『浄土和讃』『浄土高僧和讃』『正像末《しょうぞうまつ》和讃』▼5などがありますが、これがまた比類のない宗教詩です。重い、重い、重い詩です。そして自分の心の闇を打ち明けて、そしてこの闇の中から阿弥陀仏によって救われた、あるいは法然さんによって救われた親鸞の歓喜、感謝が響いてくる、そういうすばらしい和讃なのです。

「二種回向」が親鸞思想の中心

これら親鸞の書を読みまして、いったい親鸞の思想は何か、確かに悪人正機説はありますよ。でも悪人正機説よりももっと大事な思想があり

▼5 親鸞は建保四（一二一六）年、四十四歳で『教行信証』の著述に着手。宝治《ほうじ》二（一二四八）年七十六歳『浄土和讃』『浄土高僧和讃』を著作。正嘉《しょうか》一（一二五七）年八十五歳『正像末和讃』を著作。

ます。それは「二種回向《にしゅえこう》」という思想ですね。「二種回向」というのは、阿弥陀仏のおかげで「南無阿弥陀仏」を唱えると極楽浄土に往けます、これが往相回向《おうそうえこう》、往きの回向です。だけどそれだけではないのです。もう一つ還相回向《げんそうえこう》、還りの回向があるのです。それは阿弥陀仏のおかげで極楽浄土にしばらく留まって、またこの世に還ってこれますという思想です。

どうして極楽浄土のような結構なところへ往けたら、ずっと永久にそこにいないのでしょうか。それが結構なところだからといって永久にいるわけにはいかないのです。なぜかといいますと、仏教というものは「自利利他の教え」なのです。「自利の教え」だけならば、極楽浄土に永久にいた方がいいけれど、やはり「利他の教え」もあります。この世に悩める民がいる限り、またこの世に還ってくる。そして悩める民を救うのです。だから極楽浄土とこの世との永遠の循環の旅を続けるのです。これが「二種回向」、特に「還相回向」の考え方なのです。

もう私のような高齢者は後は短いですね。私よりお歳の方もおられますが、そう永い間は生きられません。八十三歳ではよく生きて十年です。

本当は後二十年は生きたいけれど、ちょっと無理ですね。百三歳ですからね。そうするとこの世にあまりいられません。死後は全く無になるというのは、寂しいですね。

だけど親鸞聖人は死んだら極楽浄土に往けるのだといいます。そしてまた今度は還ってくるんだというわけです。極楽浄土に往きっぱなしだと退屈で仕方がないらしいのです。またこの世に還ってくるんだと、この世は苦しいことも多いけれど楽しいことも多い。人を、特に妻を愛することは実に楽しい。そして南無阿弥陀仏を唱えれば死んだら極楽浄土へ往って、また帰ってきて、楽しく人を愛する、そういう考え方です。私もこの頃はだいたいそういう考え方になってきたのです。

まあ親鸞聖人ほどにはいきませんが、やはり遺伝子というのはある意味不死です。私は死にますが、だけど私の遺伝子は遺ります。それで遺伝子は永久にあの世とこの世の往復をするのです。だから私もこの頃はそう思っているのです。まあそう永い間生きられません。だけどやはり私の遺伝子はこの世とあの世をめぐり合いします。

親鸞聖人は二種回向の説を信じています。そして二種回向を信じた人間を「等正覚《とうしょうかく》」と呼びます。正覚は弥勒《みろく》を意味しますから、弥勒と同じだというのです。弥勒は如来に近いので如来つまりほとんど仏様です。仏様のように何が起こっても全然動揺しない心境にあるということです。そう親鸞聖人は「性信《しょうしん》御坊への手紙」▼6で述べています。親鸞聖人がそういう信仰になったのは八十歳を超えてからです。

私はこれはやはりすごい考え方だと思いますね。禅の方はこの世で仏になるという考え方ですが、禅では死をどう考えるかがちょっと分かりません。親鸞聖人のように、死んだら浄土に往って。また還ってくる、必ず還ってくるのです。親鸞は、この世で苦しむ人を救うために還ってくるというのです。これは大変すばらしい考えですね。浄土宗や浄土真宗のお坊さんは、自分は苦しんでいる人間を救うためにこの世に帰ってきたと信じないといけないのです。だけど悪人正機説にかぶれたから、自分は悪人で結構だと思っているのです。「そうじゃいかん！」と私はいってるのです。自分はやっぱり衆生救済のために極楽浄土から還ってきたのだ、そう思わなくてはいけません。法然上人も親鸞聖人もそう思っておられたのです。

▼6　正嘉元（一二五七）年親鸞八十五歳の時の「性信御房《しょうしん》」宛の消息にはこうある。「光明寺の和尚（善導）の『般舟讃』には、「信心のひとは、その心すでにつねに浄土に居す」（意）と釈したまへり。「居す」といふは、浄土に、信心のひとのこころつねにゐたり、といふこころなり。これは弥勒とおなじといふことを申すなり。これは等正覚を弥勒とおなじと申すによりて、信心のひとは如来とひとしと申すこころなり」。
なお性信《しょうしん》（一一八七〜一二七五）は、常陸国の出身で親鸞二十四輩の筆頭だった。

二種回向の考え方は、遺伝子の不死ということを考えますと、ある意味で科学的なのです。そしてこれほど強い、これほど力強く人生を生きられる思想はないと思います。だから二種回向の考え方は、すばらしい考え方で、現代にもまだ通用すると考えています。

親鸞聖人の伝記をめぐって

ところで、その親鸞の悪の捉え方ですが、父殺し、どうして親鸞が自分の中に父殺しの衝動があると考えたかということですが、これはやはり私は異常なことだと思っています。永い間十年も二十年も考えてきたのですが、その理由は分からなかったのです。ところが昨年、ふっとそれが分かったのです。それはどうしてかといいますと、実はですね、親鸞聖人の玄孫《げんそん》（やしゃご）の存覚《ぞんかく》ですね、彼は本願寺の基礎をつくった覚如《かくにょ》の息子です。覚如は親鸞の末娘である覚信尼《かくしんに》の子、覚恵《かくえ》の長男なのです。この覚如と存覚によって浄土真宗の教学が整ったのです。

そして蓮如《れんにょ》という大変な布教の天才が覚如の子孫に出ることによって、浄土真宗は飛躍的に発展したわけです。その基礎の親鸞の子孫である大谷家を中心とする教団づくりの原理をつくったのが、覚如です。その覚如の子供の存覚は、どっちかといいますと、親父のように本願寺中心ということでもなかったのです。

存覚の考え方は、親鸞の思想を受け継ぐ、いろんな教団が共に発展したり、協力し合えればいいという考え方です。そういう親鸞の子孫が門主になる必要はないという、教団づくりについて親父と違う考え方をもっていたようです。東国の弟子たちがつくった高田派の本山が、今は三重県津市一身田にあります高田専修寺です。

その存覚の書いた『親鸞聖人正明伝《しんらんしょうにんしょうみょうでん》』という伝記が遺っているのです。ところがこの『正明伝』はずっと偽書だとされていたのです。どうしてかといいますと、江戸時代に高田派の五天良空《ごてんりょうくう》という学僧が『高田《たかだ》開山《かいざん》親鸞聖人正統伝《しんらんしょうにんせいとうでん》』というものを書いたのです。

元々覚如が『本願寺《ほんがんじ》聖人伝絵《しょうにんでんね》』▼7というのを書いていたのです。本願寺などというのはもちろん親鸞の存命の時はなかったわけで、もちろん

▼7 親鸞の没後百年内の伝記
- 永仁三(一二九五)年　没後三十四年　覚如『本願寺《ほんがんじ》聖人伝絵《しょうにんでんね》』(初稿)を著わす。
- 元弘一(一三三一)年　没後七十年　覚如『口伝鈔《くでんしょう》』を著わす。
- 文和元(一三五二)年　没後八十九年　存覚『親鸞聖人正明伝《しんらんしょうにんしょうみょうでん》』を著わす。

親鸞は本願寺聖人なんて名乗ったことはありません。覚如の本願寺を浄土真宗の中心にするという意志によって『本願寺聖人伝絵』がつくられていたのです。

それに対して良空は、高田の方がもっと古いもっと由緒がある、本山は高田派だというそういう宗派的な思想によって『高田開山親鸞聖人正統伝』を書きました。これを正当化するのに高田派の方から十年から十五年後に『親鸞聖人正明伝』が発表されたのです。

これを読みますと、良空の『正統伝』は『正明伝』に依拠して綴られたものであることはまず間違いはないことが分かるのです。だけどまず高田派の『正統伝』が先に出て、『正明伝』は『正統伝』を裏づけるために高田派から出たので、『正統伝』を間違っているとする本願寺派は、『正明伝』も偽書だ、存覚の著書じゃないと決めつけたというわけです。そういう考え方が江戸時代からずっとあり、近代真宗学でも受け継がれてきたのです。それで最初から『正明伝』を偽書として問題にしないという態度だったのです。

『親鸞聖人正明伝』が最古で最高

ところが佐々木正《ささきただし》▼8という方がおられます。この人は塩尻の人らしいのです。一度だけお会いしました。この人は、浄土真宗の東本願寺派の坊さんですね。その方が、『親鸞始記――隠された真実を読み解く』という本を一九九七年に筑摩書房から出されたのです。その題からも「親鸞の解釈を新しく始めなくてはならない」という問題意識が明らかです。ここで佐々木さんは『正明伝』は間違いなく存覚の著書であるということを主張しているのです。

　この説を取り上げる人はほとんどなかったのです。私にも贈呈していただいたのですが、私もそれを読んでなかったのです。ところが最近、それが気になって、そこに引用されている『正明伝』を何度も何度も繰り返して読みますと、これは間違いなく存覚の著書であるということが分かってきました。私はもう確信をもっています。

▼8 **佐々木正《ささきただし》**（一九四五〜）現在、長野県塩尻市の萬福寺住職。著書に『親鸞始記』（筑摩書房、一九九七年）、『いまを生きるための歎異抄入門』（平凡社新書、二〇〇一年）、『法然と親鸞』（青土社、二〇〇三年）。

いろんな証拠があるのです。まあ細かい証拠は語れませんが。たとえて文体ですね。文体は大事なんです。江戸時代の文体と室町時代の文体は違います。そして存覚の著書は他にたくさんあります。その文体と『正明伝』の文体はほぼ同じなのです。それから存覚が書いた動機ですね、ちょうど『正明伝』がつくられた年代が書かれていますが、ちょうどその時に、父覚如が亡くなりまして、そして存覚が覚如の後に入りました。それまでやはりお父さんにちょっと遠慮していたのですが、お父さんが亡くなって、真実を明らかにしなくてはならない、と思って書いたに違いないのです。

そういういろんなことから私は『正明伝』は間違いなく存覚の作に違いないと思うようになりました。これはね、親鸞伝としましてはものすごくよくできているのです。最高の親鸞伝です。『正明伝』はやはり玄孫存覚が書いたすばらしい親鸞伝です。

それに対して覚如が書いた『本願寺聖人伝絵』は、自分のところが、つまり本願寺が親鸞の思想を伝える本家本元であるということを明らかにする、そういう話だけを集めているのです。ですから親鸞聖人をもう阿弥陀様に等しいようにして、法然上人よりももっと偉い人にしているのです。その阿弥陀様に等しいような親鸞聖人を祀っているのは本願寺であるということですね。だから本願寺は浄土真宗の本山だ、そういうような主張に満ちた簡単な親鸞伝です。

　ところがそれに比べて『正明伝』は子供の時からの親鸞の人生が実に詳しく語られているのです。これは従来書かれた、私が書いたのも含めてあらゆる親鸞伝よりはるかにいいです。一番古くて一番優れた親鸞伝だと思わざるをえなかったのです。

　そしたらいったい親鸞解釈はどうなるのでしょう。ここでは詳しい『正明伝』の紹介はできませんが、『正明伝』は実に細かいですよ▼9。特に子供の時のこと、親鸞が法然上人のところへ弟子入りして、親鸞が結婚するに至るその過程が実に詳細に記されているのです。こんなことは後につくったものではできないでしょう。存覚が親鸞のことを知りたいと思い、まだ生き残っている弟子たちの話を詳しく聞いて、そして自分の四代前のお爺さんの業績を間違わないように、しかも尊敬をこめて語った本が、私は『正明伝』だと思います。

▼9 **親鸞**　存覚述伝『親鸞聖人正明伝』によれば、日野有範卿の嫡男。母は、源氏、八幡太郎義家の孫女、貴光《きこう》女《じょ》とされる。
　承安《しょうあん》三（一一七三）年、誕生、幼名を十八公麿《まつまろ》、四歳にして父が亡くなり、八歳で母も亡くなる。九歳で慈円和尚に弟子入り、得度して範宴《はんねん》と称する。二十九歳で六十九歳だった源空上人（法然）の専修念仏の教えを受けて、綽空《しゃっくう》の名を授かる。九条兼実の願いを受け、法然に促されて、兼実の娘玉日と結婚する。元久《げんきゅう》二（一二〇五）年、夢のお告げで名を善信に改める。建永《けんえい》二（一二〇七）年三十五歳で法難に遭い、越後に流罪になる。非僧非俗の生活を送り「愚禿釋親鸞《ぐとくしゃくしんらん》」を名乗る。

親鸞の両親はだれか

特にここで重要なことを二点だけお話します。一つは親鸞の母の問題です。親鸞の母についていては、覚如の『伝絵』には全く書かれていません。親鸞のお父さんは日野《ひの》氏です。日野有範《ありのり》です。日野氏は藤原氏なのですが、どちらかといいますと、中級貴族です。学問の家ということになっておりますが、なかなか学問の家に留まらなかったのが日野氏なのです。政治的に野心をもっている人が多いのです。それで何とか武士と結びついて出世を図ろうとする、そういうあざとい人が多いのです。

みなさんご存知のように室町時代になって日野氏は足利将軍家と結びついて、代々の将軍の正妻を日野氏から迎えるという慣習を打ち立てたのです。[10] ちょうど藤原摂関家が、天皇家の奥さんを代々自分の家から迎えさせたのと同じですね。だから天皇家の血がだんだん薄くなって、藤原氏の血が濃くなっていきます。それと同じことを藤原一門である日野

▼10　室町時代、三代将軍足利義満の室となったのが日野業子《なりこ》・康子《やすこ》（業子の姪）であり、四代足利義持の室となったのが日野栄子《えいし》（康子の実妹）である。そして六代足利義教に嫁いだのが日野宗子《むねこ》・重子《しげこ》姉妹である。日野富子は八代足利義政の正妻となった。

氏は室町時代にしようとしたのです。だけどそれはだめになったのですね。日野富子《とみこ》という、これは凄い女だったですね。美しくて頭はよいけれど、相当なこれは悪です。まあだいたい美しくて頭が良い女には悪い女がいますからね。気をつけたほうがよろしいですけどね。ちょっと富子はやはり日本歴史においてまれに見る女傑です。この女傑が出たために、日野氏は結局将軍の奥さんを出すことができなくなってしまったのです。そういう日野氏というのはあざとい貴族なのです。

親鸞の母は源義朝の娘である

覚如の『伝絵』には吉光女とあるのみで、源氏の出身とは書いていないのです。ところがこの『正明伝』によりますと、親鸞の母は源氏なのです。八幡太郎《はちまんたろう》と呼ばれた源義家の孫娘になっています。大変力をもった源氏の娘だということですが、貴光女《きこうじょ》と記されています。本願寺にはやはり親鸞のお母さんは源氏だということは言い伝えられてきましたが、源氏のだれの娘かということは、明らかにされていないのです。

実は私の友人に吉良潤《きらじゅん》▼11という、京大医学部を出たお医者さんがいます。西山《せいざん》深草派の浄土宗のお坊さんでもあります。まあお医者さんと坊さんを兼業しているから、儲かるだろうと思われるかもしれませんが、吉良さんはお医者さんはもうやめられて、お坊さんもほとんどされていません。もっぱら浄土教の研究をされておられます。そして親鸞上人の母は源 義朝《みなもとのよしとも》の娘であるという説を唱えられています。

私はその説にびっくりしました。はじめは信じられなかったです。でも吉良さんの論文を読んで、これはやはり吉良説は正しいのじゃないかと思ったのです。どうしてかといいますと、源頼朝は右兵衛権佐だったのです。ところが例の平治の乱で源氏は朝敵になります。そして私の故郷である愛知県内海町の隣の美浜町の旧臣である長田忠敬の所に逃れますが、源義朝は長田に裏切られ、お風呂に入っていた時に襲われ、「木太刀一本あれば」と嘆いて殺されたということです。この長田の屋敷は野間大坊というお寺になり、義朝の墓には山のような木太刀が捧げられました。私も子供の時に何度も大坊に参り、義朝をあわれに思いました。

▼11 **吉良潤《きらじゅん》**　『親鸞は源頼朝の甥——親鸞先妻玉日実在説』（角川学芸出版、二〇一〇年出版予定）。

▼12　源頼朝の叙位・任官履歴は次の通り。
保元三（一一五八）年二月三日に皇后宮少進（『公卿補任』）。

平治元（一一五九）年一月二九日に右近衛将監兼任（『公卿補任』）。二月一三日に上西門院蔵人補任。皇后宮少進を止む（『公卿補任』）。三月一日に母の死により服解（『公卿補任』）。六月二八日に蔵人（二条天皇）補任（『公卿補任』）。一二月九～二六日　平治の乱（『百錬抄』）。一二月一四日に従五位下右兵衛権佐に叙位転任（『公卿補任』）。一二月二八日に解官（『公卿補任』）。

寿永二（一一八三）年一〇月九日に従五位下右兵衛権佐に復位（『公卿補任』）。

元暦元（一一八四）年三月二七日に正四位下に昇叙（『吾妻鏡』）。

文治元（一一八五）年四月二七日に従二位へ昇叙（『吾妻鏡』）。

文治五（一一八九）年一月五日に正二

その時に息子頼朝は一命を助けられます。そこで源頼朝は罪を問われて免官になりました。ところがやがて頼朝が平氏を滅ぼし、朝廷は頼朝に義朝の前の官に復させることになるのですが、その頼朝の右兵衛権佐の上役をだれにするかが問題です。源氏の大将の上役ですから滅多な人はおけません。一条能保《よしやす》という源頼朝の姉妹である坊門姫の夫をその上においたのです。ところがやがて一条能保が栄転しまして、その官を空けますと、その跡に日野有範が一条能保に代わって頼朝の上官になったのです。▼12

そういうことを吉良さんは九条兼実《くじょうかねざね》が書いた『玉葉《ぎょくよう》』という日記の中から探し出しました。▼13 これを見ますと、日野有範も一条能保と同じように頼朝の姉妹を妻にしていたに違いないというのです。親鸞の父有範の妻は義朝の娘で頼朝の姉妹ではなかろうかというようにいわれているのです。私は、はじめは親鸞の母は義朝の娘なんてことはありえないと思ったのです。でも今は吉良さんの説は、大変私は可能性が高いと思うようになったのです。もしそうだったらどうなるのでしょう。

位に昇叙（『公卿補任』）。一一月九日に権大納言（『吾妻鏡』）。一一月二四日に右近衛大将（『吾妻鏡』）。

▼13 『玉葉《ぎょくよう》』 九条兼実の日記『玉葉三』二百七十二頁上より。

文治二年十月十一日「夜。に入りて定經来り申す、今夕除目の事、親雅豊前国を賜ふ、其の息親房を以って之に申し任す、即ち夜爵に叙す、この外任人無し、又右兵衛督有範、左に遷す可く之の由之を仰せ、能保朝臣申すに依る也、又辞書一両下される可く云々」。

（夜になって定經が来て申すことには、今夕除目の事があり、親雅が豊前国を賜うことになった。其の息子の親房を以って之に遙任する。すぐに夜、爵に叙した。この外に任命の人事は無い。又右兵衛督の有範は、左（左兵衛督）に遷すように、この由を仰せである。能保朝臣がそうしろということでそうなった。又辞書一つか二つ下されるようにと云々）。

死んだはずの父と母の死

日野有範という人は『正明伝』では四歳の時にもう死んでいたのです▼14。他の伝記でも死んだとされています。ところが『玉葉』によって生きていたこと分かりました。この人は、宇治に隠れて遁世《とんせい》者として生きていて、源氏が天下をとった時に出てきて、そして源頼朝の上役になったのです。それまでは、表向きは死んだということにして隠れて生きていたのでしょう。死んだことになったのは、親鸞の四歳の時です。そして八歳の時に母貴光女が亡くなります。その頃は平家滅亡の前で、もっぱら平家がヒステリックになって、源義朝の血を受けている人間はたとえ日野氏であっても生きられない、そういう状況だったと思います。

▼14　存覚述伝『親鸞聖人正明伝』より。

「安元二年二月十五日、晩景のころ、十八公麿《まつまろ》ひそかに庭におり、泥沙をもて仏像三軀を造りてこれにむかい、礼拝恭敬あることしばしばなり。

同年の夏、厳父后宮大夫逝去あるのあいだ、十八公麿、舎弟朝麿ともに、伯父業吏部（若狭守範綱）の猶子となり、しばしば俗典をならい、聚蛍のみさを、かつて懈りなし。七歳の春より倭歌の御稽古あり、歌集なむども多くよみおぼえたまう。八歳のとき、南家の儒士、日野民部に従て、儒典の本経なんどを読みわたりたまえり。

八歳五月の末のころ、御母堂貴光女かくれ給えり。いまだ、四十にたらぬ御齢にて侍りき」。

出家するしか生きられない

そこで親鸞は伯父日野範綱《のりつな》の養子になりまして、そこで出家することになります。後に摂政、関白になった九条兼実の弟で比叡山の有力な政治僧であった慈円《じえん》▼15に弟子入りして比叡山でお坊さんになりました。

こういう状況では、摂関家出身の有力な慈円という坊さんの弟子となって、守ってもらうしか生きられないのです。それが親鸞の運命であったと思います。親鸞の兄弟はみんな出家しています。だから日野有範家は断絶したのです。この断絶はおそらく政治的理由としか考えられません。もう有力な師匠の下で自分は坊さんになるしか生きていく道がないと、八歳の親鸞は敏感に感じとったに違いないのです。ところが平家が滅びて源氏が勢いを得ると、今度は頼朝の甥を弟子として預かっているという慈円の立場は、途端に有利になってきます。だから慈円はおそらく親鸞を大事にしていたと思います。

▼15 **慈円**《じえん》（一一五五〜一二二五）藤原忠通《ただみち》と加賀局《かがのつぼね》（藤原仲光《なかみつ》の娘）の子、九条兼実の弟で、鎌倉時代の天台宗僧侶である。歴史書『愚管抄《ぐかんしょう》』の著者。三十八歳で天台座主になる。その後慈円の天台座主就任は四度におよんだ。

そしてまた、源氏の繁栄は、頼朝が死に、その後の二代、三代で源氏将軍家が絶えると、むしろ平家である北条氏が権力を握り、源氏の血は大事にされなくなります。一条能保の一族も失脚しますが、それと同時に親鸞も師匠からは以前のようには大事にされなくなったに違いありません。

そういう人の心の動きを子供の時の親鸞はずっと見てきたわけです、子供の時から。親鸞の俗世に対する深い嫌悪《けんお》はここに出発すると私は見ます。浄土教の基本は、この世を厭《いと》い、極楽浄土を憧れ、願い求めるということです。こういうふうに俗世の人間は、その政治状況によって自分の心を変節していく、そういう俗世の人間が、若い親鸞にとって嘔吐《おうと》の対象になったのです。厭《いや》で厭でしょうがなかった、そういう感情が根底にあったのだと思います。そういうことを前提に考えないと、親鸞の深い悩みは理解できないのです。

祖父の父殺しと親鸞の父殺し

そして親鸞の例の悪の自覚ということも、どうもそういう親鸞の人生の体験から来ているように思われるのです。実は、親鸞の祖父だと思われる源義朝は、保元の乱において自分の父親の為義《ためよし》、自分の兄弟の為朝《ためとも》と敵味方になって戦いました。そして勝利しますと、命ぜられて自分の父である為義を殺しているのです。つまり父殺しの罪をしているのです。それで親鸞には自分の血の中に父殺しの者がいる、お祖父さんが父殺しをしている、そういう体験があるのです。▼16

またそれが、親鸞の自分を阿闍世《あじゃせ》と同一視する悪の自覚となったと思います。また自分の命を全うするために、お父さんである日野有範は死んだと思っていた。死んだと思わせて遁世したのですが、これも親鸞にとってはやはり父殺しですね、自分も父殺しをしたのではないかという、そういう深い反省があったに違いないのです。

▼16　保元の乱の顚末は、次の通り。保元元（一一五六）年七月十一日未明寅の刻（午前四時）、後白河天皇方は崇徳上皇方を奇襲して、激闘になったが、火攻めが功を奏して天皇方の勝利となった。

七月二八日、平清盛が六波羅で平忠正、平長盛、平忠綱、平正綱らを斬ったので、七月三〇日には源義朝が船岡で源為義、源頼賢、源頼仲、源為成、源為宗、源為仲を斬らざるをえなかった。この子が親を斬り、甥が叔父を斬るというむごい仕打ちが行われたのは、信西が死罪を三四六年ぶりに復活させたからである。

私はこの説を聴きまして、親鸞の深い悩みが大変よく分かりました。やはり異常ですね。強烈な悪の思想です。そして悪の自覚の悩みから、法然上人から阿弥陀仏の浄土の説を聴いて救われたのです。そういう感謝の熱烈さが伝わってきました。やはりそういうことを考えないと、彼の人生は理解できないように思うのです。それが一つです。

悪人成仏と女人成仏

まだたくさんのことをいいたいのですが、もう一つ、親鸞の結婚についてです。今まで仏教において僧侶の結婚は許されませんでした。仏教の中にはやはり女性差別ということがあります。だけど日本の仏教には女性差別に否定的な思想があるのです。

たとえば、日本の仏教で一番重視されたのは『法華経《ほけきょう》』ですが、『法華経』には「提婆達多品《だいばだったほん》」というのがあるのです。そこで、提婆達多という悪人も御釈迦さんによっていつかは仏になれることが保証がされています[17]。堤婆達多ばかりではなくて、龍女も、龍の女も仏になれるのです。それはね、女性は仏になれないのじゃないかといわれていたのに、女性がしかも人間の女性ではない龍の女性のようなものもいつかは仏になれると御釈迦さんに保証されています。そういう思想が『法華経』にあるのです。この女性成仏があることによって、『法華経』は女性によって大変喜ばれた。だから平安時代には紫式部とか、ああいうすばらしい才女がたくさん出ましたけれど、みんなやはり『法華経』が好きなのです。

『法華経』は、女性も男性と同じように成仏できるという、そういう教えを説く経典です。その教えを浄土教はさらに進め、念仏を唱えれば、だれでも悪人でも女人でも往生できるというのです。往生というのは成仏の一歩手前ですからね、悪人成仏、女人成仏という考え方を『法華経』よりいっそう浄土教は強くしたのです。しかも法然上人は、念仏といいましても、極楽浄土をイマジネートする、そういうむつかしい行をする必要はなく、口で「南無阿弥陀仏」と称えればよろしいというのです。それだけでどんな悪人でも、女人でも全部極楽浄土へ往生できると

17 『法華経』「堤婆達多品第十二」より。
「その時に龍女は一つの宝珠を持っておりました。その価あたいは三千大千世界と等しいかという代物です。その宝珠を龍女は釈尊に献上し、世尊は速やかにそれを嘉納《かのう》されました。すると龍女は瞬く間に男子と成って南方におもむき蓮華に座して妙法を演説したのです」。

いうことです。▼18 それが法然および親鸞の浄土教が爆発的に日本に広がった理由です。やはり女人成仏という思想があるので、浄土教が広がったのです。浄土教がこのように全国的に広がったのは日本だけですね。

親鸞は肉欲が抑えられずに結婚したのか

ところで「親鸞の結婚」についてです。親鸞は実は、六角堂に籠《こ》もって、これからの人生をどう生きたらいいかについて悩んで、救世観音の夢のお告げを聴くわけです。そこで法然上人のところへ行って、法然上人の弟子になるのです。それればかりか、六角堂でこういうようなお告げを受けます。「もしお前が、業が深くてどうしても女性の肉体なしでは生きられないのなら、私が女性になってお前の一生を荘厳にしてあげよう」▼19 というのです。そのように聖徳太子の化身である救世《ぐぜ》観音《かんのん》が仰ったのです。それで親鸞は「肉食妻帯《にくじきさいたい》」に踏み切ったというのが、これが今までの解釈なのです。

▼18 『法然上人《ほうねんしょうにん》行状《ぎょうじょう》絵《え》図《ず》』（『四十八巻伝』）では、法然の四国流罪に際し、女人往生の説話がある。室の泊で遊女の船が法然一行の船に近づき、法然に「この罪業おもき身、いかにしてかのちの世たすかり候べき」と訊ねた。法然は「げにもさやうにて世をわたり給らん罪障まことにかろからざれば、酬報またはかりがたし、もしかからずして、世をわたり給ぬべきはかりごとあらば、すみやかにそのわざをすて給べし。もし余のはかりごともなく、又身命をかへりみざるほどの道心いまだおこりたまはずばただそのままにて、もはら念仏すべし。弥陀如来は、さやうなる罪人のためにこそ、弘誓をもたてたまへる事にて侍れ、ただふかく本願をたのみて、あへて卑下する事なかれ、本願をたのみて念仏せば、往生うたがひあるまじき」と応えている。

▼19 『御伝鈔《ごでんしょう》』上巻より、建仁三年、六角堂の救世菩薩が善信（親鸞の元の号）に次のように夢告した。「行者宿報設女犯　我成玉女身被犯　一生之間

やはり聖徳太子の化身の救世観音のお告げというのは、親鸞の欲望の反映ではないか、大変頑強な肉体をもつ親鸞はやはり女性が欲しかった、欲しかったので、そういうお告げを受けて結婚したのだ、と解釈されているのですが、『正明伝』では違うのです。『正明伝』ではこういうことです。

能荘厳　臨終引導生極楽」。（行者よ、お前が前世からの報いで女なしではいられないなら、私が玉のような女に成って、犯されてあげよう。そして一生の間お前の人生を荘厳（立派に美しく飾ること）し、臨終には極楽に導いてあげよう。）

九条兼実が求め、法然が命令して妻帯させられた

九条兼実はその時、摂政を罷免されて非常に厳しい孤独の時にあったのです。そして孤独の中で彼はもっぱら法然上人《ほうねんしょうにん》にすがったのです。その時に九条兼実は、こういったのです。「私のようなたくさんの女の人に触れている穢《けが》れた俗人の念仏と、あなたのような女性に触れない清僧の念仏は同じ念仏とはいえないのではないですか？」と法然上人に訊ねたのです。そしたら法然上人は「念仏というのは、阿弥陀仏から与えられたもので、あなたのようなたくさんの女性に触れている俗人の念仏

も、たまたま私のように女性に触れたことのない人間の念仏も変わりはありません」と応えたのです。すると兼実は「それならあなたの弟子の中の清僧をだれか一人女性と結婚させて、その念仏は同じであるということを証明してください」と迫ったのです。

そうすると法然上人は「その通りです」と応えましたので、「それではだれかにそれを実行させてください」となって、法然は親鸞を指名したのです。親鸞は「どうして自分がそんなことを指名されなければならないか」といって、泣いて抗議をするけれど、師匠と師匠のパトロンである九条兼実の命令はいかんともしがたく、彼は九条兼実の娘玉日《たまひ》の御前と結婚したということが『正明伝』に書かれているのです。

玉日の御前との結婚は、現在の本願寺教団の親鸞史では否定されていますが、大正時代まではこれは信じられてきたのです。親鸞の最初の妻は九条兼実の娘の玉日である、そして玉日が死んで、次に親鸞の妻になったのが恵信尼《えしんに》だといわれてきたのです。

『尊卑分脈《そんぴぶんみゃく》』という本の中で日野家の家系が記されていますが、そこに親鸞も出てきます。そこには親鸞の最初の妻は九条兼実の娘玉日で、

そこには印信《いんしん》という子供がいた。そして善鸞《ぜんらん》以下幾人かの子供は恵信尼の子供であると書いてあります。▼20

女人救済のための結婚

そういうことを考えますと、親鸞の結婚は、今まで性欲の問題として考えられてきましたが、そうじゃないのです。これは女人救済のためです。そこまでいかないと女人救済できないのです。女人成仏を肌で演じている、そういう問題なのです。仏教においてはずーと清僧であるというのが、結婚しないというのが、釈迦以来の定めです。それを根本的に親鸞は破ったのです。それを破ったのは、一に男女平等の女人成仏のためであったと、この『正明伝』に書かれているのです。

この話には前提があるのです。建久《けんきゅう》九年、親鸞二十六歳の時、京に出て叡山に帰ろうとして赤山明神《せきざんみょうじん》にへ参った時、一人の女性に会った。ところがその女性は叡山に参詣《さんけい》したいので案内して欲しいというのです。

▼20 『新訂増補　国史大系　尊卑分脈　第二篇』（吉川弘文館、二〇〇七年、二二〇～二二一頁）では日野家の系図で正五位皇太后宮権大進である有範の長男が範宴となっている。範宴は、号親鸞上人と記され、本願寺開山、一向念仏元祖とも記されている。その長男が印信で母は月輪《つきのわ》（藤　兼實《とうのかねざね》）関白女となっていて、玉日であることが分かる。次男慈信の母は三善為教《みよしためのり》女《がむすめ》となっていて恵信尼だと分かる。三男以下は同母と記されている。

親鸞はそれはできないというので、その女性は経文に「一切衆生悉有《いっさいしゅじょうしつう》仏性《ぶっしょう》」とあるではありませんか、すべての生物には男女があり、その差別はありません。『法華経』には女人成仏の思想があるではありませんか、なぜ女人が叡山に登れないのでしょうといって、白絹に包んだ日火の玉というものを手渡し、千日の後には必ず思い当たることがあるでしょうといった。そしてそれから千日後、親鸞二十九歳の時、親鸞は九条兼実の息女の玉日を妻に迎えたという。

　このように親鸞の結婚は、女人成仏を身をもって示すためであったと『正明伝』は語ります。玉日という女性は観音様の化身です。[21]『正明伝』では玉日は越後についてゆかず、まもなく死んだとありますが、その死後玉日の侍女であったのではないかと思われる恵信尼が親鸞の後妻となります。親鸞は前妻の玉日および後妻の恵信尼を観音の化身と思っていたに違いありません、恵信尼もまた親鸞を観音の化身と思っています。こういう夫婦がお互いを観音の化身と見る新しい夫婦関係を親鸞は創造したのです。これは男女平等思想による仏教思想の革命的な展開です。この頃私も妻を観音様の化身ではないかと半ば思っています。しかし妻

▼21『親鸞聖人正明伝』の巻一上の末尾に次の記述がある。
「玉ト日ト相重ノコトハリ今ハ知タマフマジ。千日ノ後ハ、自思合ノ侍トテ、玉ヲバサシオキ、木蔭ニ立カクレ失去ヌ。其後二十九歳冬ノコロ、九条殿下ノ息女ニ幸シタマフノトキ、姫ノ御名ヲ玉日ト申ニ意ヅキテ、是ナム日火ヲ明玉ニウツシテ、一切衆生ノ迷闇ヲ照シ、五障三従ノ女人マデコトゴトク引導スベシ、トノ教ナリト、始テ悟タマヘリ。カノ玉ヲ献シ化女ハ、功徳天女ニテアリケル。本地ハ如意輪観音ニテマシマス。親鸞聖人正明伝巻一上終」。

は私を観音様の化身とは全く思っていません。

私はやはり、親鸞の結婚は、ただの性欲だけの問題ではない、これはやはり仏教の革命であります。やはり、女性は男性と同じく成仏できるのです。女性というのは、人類が継続するのに一番大事な、男性よりもっとずっと大事な存在ですから、女性も男性と同じように成仏できる、それを実行において示したのです。これはどうも法然の命令で、それを実行したのが親鸞だというように、私は考えるべきではないかと思います。そのように考えますと、従来の親鸞解釈と百八十度変わるわけでありますが、やはり私は『正明伝』を使って、親鸞をもう一度見直していく、それによって親鸞の人生がより深く理解されると思います。

親鸞卒寿を超えてさらに十歳

八十三歳になりましてね、こういう大問題が舞い込んでまいりまして、実は困っているのです。だけどこれをやるのにまだ二、三年はかかりますね。私の哲学も仕上げなくてはならないし、まあ後十年は生きなければなりません。親鸞は九十歳まで生きました。親鸞はもう覚悟は決まっていますからね、二種回向を信じていますから、死も怖くはないのです。九十歳まで生きることは昔は大変でした。御釈迦さんは八十歳、法然さんも八十歳で亡くなられています。御釈迦さんを超えて十年生きた、親鸞さんは大変な人です。私は親鸞さんを超えて十年は生きたいと思っています。ではどうもご静聴感謝します。

＊人間環境大学主催「梅原猛・佐藤祐造　文化講演会」（二〇〇八年六月二十八日、名古屋市教育センター講堂）

Ⅳ　勝修羅の鎮魂

私と能

私は西洋哲学の研究者でしたが、四十歳の頃「日本研究」に転向しました。そして日本の歴史や宗教についての本をたくさん書いたのです。私の著書で一番読まれたのは『隠された十字架――法隆寺論』（新潮社、一九七二年）と『水底の歌――柿本人麿論』（新潮社、一九七三年）です。

『隠された十字架』では、聖徳太子一族の虐殺の後で聖徳太子が怨霊となり、祟ったことを明らかにしました。それで再建された法隆寺は、聖徳太子および太子一族の怨霊を鎮魂するための寺であったという説を述べています。また『水底の歌』では、柿本人麿も従来の説のような平凡な人生を送った下級官僚ではなく、大夫《たいぶ》といわれる高い地位にあったとしています。そして権力者藤原不比等《ふひと》のたくらみで、流罪《るざい》となり刑死したという説を述べています。つまり聖徳太子も柿本人麿も怨霊であったというのが私の説なのです。

私はそのように古代の歴史を「怨霊」という概念で新しく書き変えたのです。ところで怨霊がもっとも活躍したのは、実は中世です。能はすべて怨霊鎮魂のためとはいえませんが、能の多くは、特に世阿弥《ぜあみ》の創出した「複式夢幻能《ふくしきむげんのう》」▼1は怨霊鎮魂の能であるといってよいと思います。それで、当然私は怨霊学者としては、能を深く研究しなくてはならなかったのですが、今までおろそかにしていました。その私を能に導いてくれたのは聖徳太子の一番の忠臣であった秦河勝《はたのかわかつ》です。

私は『隠された十字架』を書いた時には、河勝については全く触れていません。しかし秦河勝は、実は聖徳太子一族が亡ぼされた皇極《こうぎょく》二（六四三）年の一年後、ですから蘇我氏が亡ぼされる皇極四年の一年前のことです。赤穂《あこう》の坂越《さこし》に流罪になり、そこで大荒《たいこう》大明神という大いなる怨霊になったというのです。このことを世阿弥は『風姿花伝《ふうしかでん》』第四神儀篇で語っています。

私は昨年坂越を訪れ秦河勝を祀った大避《おおさけ》神社の宮司・生浪島堯《いなみじまたかし》氏の話を聴きました。そして遺跡を見、文献を調べまして、秦河勝が皇極三

▼1 **複式夢幻能《ふくしきむげんのう》** 前場、後場の複式で構成されている複式能と、夢幻の中でシテの怨霊が現われ、その怨念を語り、思いを舞に託し、ワキの僧などに菩提を弔わせる夢幻能の二つの要素をもった能。

年、ここに流罪となり、聖徳太子と同様怨霊になったことは間違いないと思ったのです。それに、この秦河勝の子孫が金春流《こんぱるりゅう》の宗家であり、すべての能楽師は秦河勝を祖先神として祀っていることを知りました。きっと秦河勝の怨霊が聖徳太子怨霊説を述べた私を世阿弥に導いたのでしょう。

もう一つ私は世阿弥に因縁があるのです。世阿弥は能を「二曲三体論」で考えています。「二曲」というのは舞と音曲、「三体」というのは老体・女体・軍体です。つまり能は舞と音曲とを基とし、そして老人や女性や男性の物真似をすることによって成立するということです。物真似というのは深い哲理ときちんとした筋をもつ劇であるということと解釈していいでしょう。

私は市川猿之助氏と共に「スーパー歌舞伎」をつくりましたが、スーパー歌舞伎というのは近代歌舞伎が忘れていた舞と音つまり歌舞を復活したものです。そして観阿弥や世阿弥の能のように深い哲理ときちんとした筋をもつ劇なのです。そういうわけですから、私も猿之助も世阿弥の弟子であるといえるでしょう。

能とは何か

日本文化において中世の文化は甚だ重要です。それは古代文化を受け継いで、それを生活文化として現代に伝えているのです。中世文化は非常に宗教的な文化でして、その文化遺産はたとえば能楽であり、たとえば茶道です。でも、なんといっても一番重要なのはやはり能楽でしょうね。

能は江戸幕府に保護されることによって、六百年前の能がそのまま冷凍保存され、現代に伝わっているのです。そしてそれは、その題材になっています『伊勢物語』や『源氏物語』の古代の物語および『平家物語』や『義経記《ぎけいき》』などのような中世の物語をも、そのまま保存してくれているのです。

世阿弥は能を「三体」に分けました。老体・女体・軍体です。これが、江戸時代に確立した「五番立」の基になったと思われますが、老体は脇能[2]（一番目物）、軍体は修羅能（二番目物）と考えられるのですが、女体は、そのまま鬘物（かづらもの）にはならない。つまり「三番目物」、即ち「女体」ではないのです。

しかし大まかには、四・五番目物を「物狂」「鬼の能」と考えて、一番目物から三番目物を、老体・軍体・女体と捉えて考える方が今のところは、わかりやすいでしょう。世阿弥は能をまずは「三体」に分けましたが、むしろここから外れた「物狂」「鬼の能」に傑作は多いのです。

本日上演されます『八島《やしま》』は二番目物にあたります。世阿弥は確かに天才です。でも彼だけが天才だったのではありません。世阿弥の父・観《かん》阿弥《あみ》は、『自然居士《じねんこじ》』『卒都婆小町《そとばこまち》』などの名作を遺しました。世阿弥の嗣子・元雅《もとまさ》は、『弱法師《よろぼし》』『隅田川《すみだがわ》』などをつくりました。また世阿弥の娘婿・金春禅竹《こんぱるぜんちく》がつくった『杜若《かきつばた》』『芭蕉《ばしょう》』は名作です。そして世阿弥の甥・音阿弥《おんあみ》の子供の信光《のぶみつ》は、『船弁慶《ふなべんけい》』『安宅《あたか》』などをつくったのです。いずれもすばらしい天才です。

▼2 **脇能**　『翁』の脇におかれるという意味で、『翁』の次に演ぜられる能のことである。特に神を主人公とした演目の能である。『高砂』『老松』『賀茂』など。
なお『翁』は千歳・翁・三番叟《さんばそう》が順次舞う、祝禱の舞である。天下泰平・国土安穏・五穀豊穣を祈願するめでたい舞である。

謡曲『自然居士《じねんこじ》』

作　観阿弥

シテは自然居士、半俗の説教者である。雲居寺で説教していると、幼い娘が現われて、自分の体を人買いに売ってつくった一衣の小袖で、亡き両親の供養をしてくれるように頼む。そしてワキの人買いが強引に娘を連れ去っていった。自然居士は説教をやめて、人買いの後を追い、琵琶湖の大津の港で追いついた。自然居士は人買いに衣を渡して返してくれるように頼む。しかし人買いは一度買った者を返さないのが大法であるという。自然居士は、身を滅ぼそうとしているのを観て、助けなければ寺には戻れない、これが仏の法だと言い返し、我が身は殺されようとも人買い舟から降りないと頑張った。人買いは仕方なく、自然居士に舞を舞わせて帰してやることになった。

謡曲『弱法師《よろぼし》』

作　観世元雅

ワキは河内国高安の里に住む高安通俊。シテはその子俊徳丸《しゅんとくまる》。父通俊はさる人の讒言《ざんげん》で俊徳丸を不孝の罪で勘当した。俊徳丸は自分の子より他人の言葉を信じた父の仕打ちに深く傷つき、我が身の不幸を嘆き涙に暮れるあまり盲目になってしまう。そして物乞いになって放浪している。父は息子を勘当したものの不憫に思って、天王寺に息子の安楽を願い「十七日施行」に通う。そこに俊徳丸は物乞いとなって現われる。よろよろ歩くので「弱法師《よろぼし》」と蔑称されているのだ。しかしその弱法師にも梅の花が散り掛かって梅の香を施行する。それで俊徳丸は「草木国土悉皆御法も施行なれば」と心和むのである。その様子を見て通俊は我が子だと分かり、人目をはばかり日が暮れて俊徳丸を高安に連れて帰るというお話。

謡曲『安宅《あたか》』

作　観世小次郎信光

歌舞伎『勧進帳』の元になった能の謡曲。義経主従が山伏に扮して北陸道を陸奥に逃れようとしているということで、安宅に山伏を通さないための関所がつくられた。義経は修験者《しゅげんしゃ》である山伏ではなく下男の荷物運びである強力《ごうりき》に身をやつしていた。富樫《とがし》は山伏は一人も通さないといい、昨日も三人山伏を斬ったという。それならと弁慶たちは山伏の勤めだといって即心即仏となるから斬れば罰が当たると言い返す。本物の山伏なら東大寺再建のための勧進帳をもっているはずだから、それを読み上げてみろという。そこで往来の巻物を弁慶はあたかも本物であるように天も届けと大声で読み上げげた。それで疑いが晴れて通るのだが、強力は判官に似ているのではっきりするまで留め置くといわれる。そこで弁慶は主君義経を金剛杖でさんざんに打ちすえる。いくらなんでも主人にそんなひどいことはできないだろうということで、関を通ることができたのである。そこが歌舞伎では富樫は弁慶の忠義に感動して、それと知りつつ逃がしたことになっていて、謡曲『安宅』とは違っている。

世阿弥の能

世阿弥は一番能から五番能まですべてをつくっています。一番能すなわち脇能としては『高砂《たかさご》』『老松《おいまつ》』、二番能として『清経《きよつね》』『八島』、三番能として『井筒《いづつ》』『檜垣《ひがき》』、四番能として『砧《きぬた》』『恋重荷《こいのおもに》』、五番能として『鵺《ぬえ》』『山姥《やまんば》』をつくっています。

世阿弥作といわれる能は現在五十曲ほどであります。私は世阿弥の曲を三期に分けます。

前期は、将軍義満時代の応永《おうえい》十（一四〇三）年頃から義持時代の応永二十五（一四一八）年頃までです。

中期は、それから義持の亡くなる正長《しょうちょう》元（一四二八）年頃までです。

後期は、義教即位の永享《えいきょう》元（一四二九）年から佐渡へ流罪になり没するまでです。

前期の世阿弥の人生は順調でした。しかし応永二十五（一四一八）年頃から世阿弥の関心はなぜか過去に向かっているように思われます。「複式夢幻能」はこの世阿弥の中期の能なのです。「複式夢幻能」という手法を使うことで、『井筒』や『八島』のような傑作がこの時代に生まれました。しかし将軍が義教に代わると世阿弥一家は迫害されたのです。

この時代には世阿弥は権力者に迫害された人間ばかりか動物の哀しみを描く能をつくっています。『恋重荷』▼3や『鵜』がこの時代の代表作であると思います。そして世阿弥は佐渡へ流罪になります。しかし、私は『藤戸《ふじと》』『景清《かげきよ》』『蟬丸《せみまる》』などの作品もあるいは佐渡流罪時代の作品ではないかと考えているのです。

世阿弥は佐渡に流罪になって作品をつくらなかったといわれていますが、私は、世阿弥は流罪になったからといって作品をつくらないような人間ではないと思っています。創造的芸術家は、どんな状況になり、どんなに歳をとっても創造を止めないものです。

『八島』は典型的な「複式夢幻能」で、世阿弥の中期の作品です。「複式夢幻能」においては、まず諸国一見の僧、旅の僧が出てきてます。そ

▼3　謡曲『恋重荷』（世阿弥作）のあらすじは次の通り。

ワキは白河院に仕える官人である。白河院の女御に懸想《けそう》した老庭師の前シテ山科荘司《やましなそうじ》を呼び出し、重荷をつくってそれを綾羅錦繍《あやらきんしゅう》で包んで軽く見せたものを与え、これで庭を百度千度回れば逢ってあげようという女御の意向を伝える。女御は、軽く見える荷も叶わぬ恋なれば持ち上げることができないと思って、諦めるだろうというつもりだったが、荘司は必死で持ち上げようとするが、叶わないので、その悔しさのあまり、腹いせに自殺してしまった。その怨霊が出てきて恨み言をいった後、「跡を弔らば（供養をしてくれれば）」恨みは消えて、千代に女御の守り神になるという。なんとも老残の恋の狂おしき想いではないか。

してその土地の里人と問答をするのです。里人は実はこの地で恨みを残して死んでいった怨霊が里人の形をとって現われたものなのです。ワキの僧が問い詰めますと、「実は私は、その怨霊になった人間だ」と答え、姿を消すのです。そしてワキが読経すると、怨霊としての本性を現わした里人すなわちシテが、昔の怨念の残る話をするのです。そしてその霊は荒々しくなりますが、その荒々しい怨霊をワキの僧は一心に鎮魂します。そして夜明けと共に怨霊は消え去ります。でもそれは現《うつつ》だったのか夢だったのか、幻だったのか、分かないのです。

『八島』の世界

能勢朝次《のせあさじ》▼4は、この『八島』▼5のような「軍体」といわれる修羅能を本格的に作り出したのは世阿弥ではないかと考えています。世阿弥は軍体の能は「本説に従ってつくれ」といっています。つまりこの「本説」すなわち出典はこの場合、『平家物語』を指すのです。世阿弥の修羅能は、

▼4 **能勢朝次《のせあさじ》**（一八九四年〜一九五五年）日本の能楽研究の大成者。『能楽源流考』（岩波書店、一九三八年）『世阿弥十六部集評釈』『幽玄論』など。

▼5 謡曲『八島』（世阿弥作）のあらすじは次の通り。
ワキは旅の僧。彼が屋島で一夜の宿を乞う。しかし、あまりに荒れているので主人に断られる。だが都からの旅人で、余も更けて泊まるところがなくて困っていると懇願して、泊めてもらえる。そこで屋島での古戦の話を聞くことになる。あまりに生々しいので、主の名前を聞くとなんと義経の亡霊だったのだ。この曲は勝修羅に分類されるが、この戦いには勝った義経も、結局兄源頼朝に追われて非業の最期を遂げているのだ。だから義経も怨霊になったのである。屋島の輝かしい栄光も、はかない無常のものとして捉えられている。

ほとんどこの『平家物語』から多く平家の武将の物語をとって能にしました。ところが世阿弥の能のシテすなわち主人公は『平家物語』では、決して重要な人物でも立派な武将でもありません。たとえば『清経』の清経は、どちらかというと臆病で、戦線から離脱して身投げをするような弱者です。

こういう弱者に世阿弥はひどく同情しました。それで彼らの怨霊を鎮魂する能をつくっているのです。世阿弥が扱う人物は、「実盛《さねもり》」▼6にしても「敦盛《あつもり》」にしても「忠度《ただのり》」にしても、いずれも風流人ではありますが、武将としては決して立派な人物とはいえない人たちです。

この世阿弥の修羅能のシテはほとんど平氏であるといいましたが、今回の『八島』のシテは源義経です。『八島』は『田村』『箙《えびら》』と合わせて「勝修羅」といわれる三曲の一つです。しかしながら、私は『八島』は決して「勝修羅」とはいえないと思います。なぜなら、『八島』の義経は結局、非業《ひごう》の死を遂げ、怨霊となったからです。この曲の中で、

「いで、その頃は元暦元年三月十八日の事なりしに」

とシテは、事の次第を語り始めるのですが、この「三月十八日」とい

▼6 謡曲『実盛《さねもり》』(世阿弥作)のあらすじは次の通り。

関東武者斉藤実盛は、元は、源氏の源義朝や源義賢に従っていたが、義賢は義朝の子義平に討たれてしまう。保元・平治の乱では源氏について敗れるが、その後平惟盛に仕える。やがて源氏の源義仲が兵を挙げたので、実盛は鎮圧に向かう。実は源義仲は、自分が最初に仕えた源義賢の遺児駒王丸だった。実盛は信濃に駒王丸を預けに行った縁があるのだ。それで実盛は加賀国の篠原の戦いで敗北。味方が総崩れとなる中、覚悟を決めた実盛は老齢の身を押して一歩も引かず奮戦し、遂に義仲の部将・手塚光盛によって討ちとられた。その際に老人に見られて相手にされないのは悔しいといって、髪を黒く染めて出陣した。実盛は義仲と戦って死にたいと思っていたのに、手塚に討たれてしまったのが悔しくて、死んでも死に切れないので亡霊となったという設定に世阿弥はしている。戦に生き、戦に死にたいという関東武士の心意気、そして歴史の転換の場面で、目

う日が重要なのです。『平家物語』では、「元暦二年二月十九日」とあるのを世阿弥はあえて「三月十八日」としたのです。このことを世阿弥の間違いだという学者もいますが、そうではありません。柳田國男によると、この屋島の義経の科白《せりふ》の「三月十八日」を三月十八日は彼岸の入りの日で怨霊が帰ってくる日であること、怨霊になった人の命日は多く三月十八日なのです。私は三月二十日生まれですから、私も怨霊の生まれ変わりであるかもしれません。

柿本人麿の命日も三月十八日です。私もこの柳田の論文をヒントにして「人麿怨霊説」を確信したのです。『八島』の前場では、景清の「錏《しころ》引き」などの勇猛な戦いを描いていますが、後場では、弓を取り落とし流れてゆくのを、

「末代までの名誉のために命を賭けても取り戻す」

という有名な「弓流し」の場面があります。

ここで世阿弥は、勇猛な武将としての義経を描くのではなく、面子を気にしている小心な義経を描いているのです。そして修羅道の苦しみが義経を襲うのです。『八島』はこのような面子を気にした小心な義経も、

立った働きをし、かつての主君の遺児の活躍に花を添えたいという美学がある。その想いを能で表現することで菩提を弔おうという意図であろう。

その修羅の運命によって、地獄に落ちる苦しみを歌っているのです。『平家物語』を題材にした世阿弥の能には『清経《きよつね》』▼7がありますが、『清経』は戦線脱落者が月の美しい夜に軍船から身を投じて死にます。このようないわば武士としてはあまりに弱い、あまりにだらしない人間の清経を題材にして鎮魂の能をつくった世阿弥は、戦争を嫌った反戦主義者であったと思います。この『八島』も世阿弥の戦いを嫌い、平和を願う信念を強く反映した作品だといわなければなりません。

▼7　謡曲『清経《きよつね》』（世阿弥作）のあらすじは次の通り。
　ワキは、笛の名手で聞こえた重盛の三男中将平清経の従者。清盛は一一八三年平家の都落ちで悲観的になり、続いて大宰府での戦に敗れて追われると、とても都までは帰れないと入水自殺してしまった。その主人の遺髪を主人の妻に届けると、妻は戦死したり、病死したりしたのなら諦めもつくが、妻子を遺して自ら命を断つとは情けないと恨み、遺髪を見るのは心苦しいと宇佐八幡宮に返納した。するとシテの清経の亡霊が妻の夢に現われ、互いに恨み言をいいあう。そこで清経は修羅で戦う舞を見せて、死の経緯を納得してもらい、今は仏道に帰依して極楽往生を願うことになる。

＊大槻文蔵の会主催『第十三回大槻文蔵の会』「八島」（二〇〇七年九月九日、大槻能楽堂）

謡曲『高砂《たかさご》』　　作　世阿弥

ワキは阿蘇宮神主である。上洛の途中播州高砂の浦に立ち寄る。そこで相生《あいおい》の松の周りを掃き清めている、翁と嫗《おみな》に相生の松のいわれを聞く。高砂の相生の松と住之江の相生の松は夫婦だという。この嫗は高砂の人で翁は住吉からはるばる通っているという。非情の松でさえ、遠く離れて暮らしながら千年も仲良く連れ添っているのだから、まして有情の人ならばそれができないわけがないという目出度《めでた》い話である。

また高砂は『万葉集』を表わし、『住吉』は醍醐天皇の延喜の世で『古今和歌集』を意味し、共に和歌を集めて、人々の言葉を語り継いでいる。それが松の新しい葉が古い葉を引き継ぐように生え変わることと照応させて、松を和歌の霊と見なしているということである。これは非情に見える草木も山川も様々に表情を変え、歌を歌っているということであろう。松の葉の常緑のごとく和歌は永遠ということも象徴している。

そして実は、この夫婦は住之江と高砂の松の精だというのだ。それで舟に乗って住之江に行くことになる。そこでかの結婚式でおなじみの「高砂やこの浦舟に帆を上げて」が謡われる。住之江に着くと現われる後シテの青年の住吉明神は前シテの松の精の翁でもある。

謡曲『檜垣《ひがき》』　　作　世阿弥

ワキは肥後岩戸山の僧である。その白河に閼伽《あか》の水を汲む百歳にも見える老女がいた。その名を尋ねると「年ふれば我が黒髪も白河の水は汲むまで老いにけるかな」と詠んだ檜垣《ひがき》の白拍子だったという。年老いてから白河の辺に庵を結んでいたからその跡を弔《とむら》って欲しいという。僧は往生できずに苦しんでいる霊に回《え》向《こう》を頼まれたと思い、探しあてていくと、現れた老女は痛ましい姿である。白拍子の時の罪が深くて熱鉄の桶を荷、猛火の釣瓶を提《ひさ》げて水を汲み熱湯を浴びているのである。回向に来た僧のために水を汲み、舞を舞って成仏するという話になっている。坂口安吾の解釈では、若い美しい自分に執着するあまり、老醜の苦しみが強すぎて往生できなかったが、僧の前で在りし日姿を追うて恍惚と踊り狂ったことで妄執が晴れて成仏できたとしている。

謡曲『砧《きぬた》』

作　世阿弥

ワキは九州芦屋 某《なにがし》である。訴訟のため京に行き三年戻れない。そこで九州の妻が気がかりで、侍女を下して、今年の暮れには帰ると告げさせた。前シテは妻である。音信なく待たされた苦しみを訴える。そして夫に思いを届けようと、唐の蘇武の故事にならって、砧《きぬた》を打って京までその音を届かせようとするのだ。ところが夫から今年の暮れも帰れなくなったとの知らせが届いた。さては自分への想いが薄れたせいかと心乱れてしまう。ついに病の床に打ち沈み、帰らぬ人になってしまった。その知らせを聞いてやっと夫は故郷に戻った。そこに後シテの妻の亡霊が出てくる。あまりに想い焦がれる気持ちが強すぎたので、邪淫の罪で責め苛まれ、砧を無理やり打たされ涙は火焰となって身を焦がして苦しめられているというのである。なんと地獄は悪いことをしたから行くだけでないのだ。在世での苦悩が強すぎると、死後もその思いが残って往生できず、苦しみ続けるということらしい。そこで砧打つ音から夫は法華読誦を思いついて、『法華経』の力で往生させたということである。『法華経』の久遠の本仏は必ず現われて救ってくれるのである。三年がだめなら、四年待てばいい、あるいは今生で逢えなくても来世では、必ずいつかは救ってくれるのである、それを信じれば、たとえ離れていても夫は、久遠の本仏はいつもそばにいるのだ。だから『法華経』で往生できたのかもしれない。

謡曲『藤戸《ふじと》』

作　世阿弥

ワキは佐々木三郎盛綱である。彼は源平合戦の藤戸の戦いで、馬で海の浅瀬を渡り、平氏を敗走させた際に、見事に先陣の功を立てた英雄である。その功により、児島を賜り、領主としてやってきて、島民から訴訟を受けつけることになった。訴訟に来たのが前シテの漁夫の母である。実はこの母は息子が盛綱に平家が陣を張っていた島に渡る浅瀬を教えたのだが、情報が漏れないようにするために、盛綱に殺されてしまったのである。それで母は「息子を返してくれ」と盛綱に詰め寄ったということだ。盛綱は戦の判断で仕方なくしたので、菩提を弔い遺族の面倒を見るから、諦めてくれという。後半は後シテに彼に殺された漁夫の霊が恨みを晴らそうとするが、仏法で菩提を弔われて成仏するという話である。

この謡曲のテーマをどう解釈すべきかは難問である。盛綱の手柄は、浅瀬を教えてくれた情報提供者を残忍にも殺し、恩に仇で報いたという悪行を伴っていた。だから盛綱は悪い奴だったと告発しているとも受け取れる。

だが情報提供者の口を塞ぐためには殺すしかなかったというのは、作戦を成功させるためには必要不可欠だった、平氏討伐という大義のためにはあえて鬼になることもやむをえないと盛綱はいいたいのかもしれない。

世阿弥の立場はどうか、それは盛綱が漁師の菩提を弔って成仏させたという結論によって示唆されている。つまり盛綱の悪行は悪行だが、それによってしか平氏討伐ができないのなら、地獄行きは覚悟で悪行を行うしかない、悪によって善が行われるから、善悪表裏一体で、彼の往く極楽は地獄にこそある。漁師も恨みを懐いたまま自らが平氏滅亡に大なる貢献をしたことで人生をよしとせざるをえないのである。だからあるがままで仏であるという、煩悩即菩提の立場が打ち出されているのである。

謡曲『景清《かげきよ》』　作　世阿弥

平景清は平氏滅亡後、日向の宮崎に流されていた。そこに娘の人丸が鎌倉から訪ねてくる。古びた草庵に人の気配があるので声をかけると、平景清の名は聞いたが、自分は盲目なのでよく知らない、他所で聞いてくれという。そこで里人に尋ねると、その盲目の乞食が景清だという。そこで対面して景清だったと確認する。彼は娘と分かっていたが、自分の落ちぶれた姿を娘に知られたくなかったのである。そこで娘は、父の源平の戦いでの活躍を聞かせてもらう。景清は源氏方の三保谷の冑《かぶと》の錣《しころ》を引っ張ったら紐が切れ、三保谷から「恐しや腕の強き」と驚かれたが、景清は三保谷の頸の骨こそ強けれと笑ったという。そして「どうせ自分はもう永くないので、亡き後を弔っておくれ」といって別れたのである。景清としては娘に盲目の自分の世話をさせたくなかったのだろう。勇ましい士として覚えておいて欲しかったのである。

謡曲『蟬丸《せみまる》』

作　世阿弥

実に不条理な、悲惨な話である。蟬丸は帝《みかど》の皇子である。ところが何の因果か盲目である。それで帝は自分の盲《めし》いた子を臣下に捨てさせる。その臣下は帝は慈悲を施すべきなのに、自分の盲いた子を捨てるとは信じられないという。ところが蟬丸は、それこそが親の慈悲だという。なぜなら、自分は前世で戒を守らなかった因果で盲いているのだから、その罪を償わせて、来世で幸せになれるようにとのお謀らいなのだと受け止めている。

逆髪は帝の皇女である。何の因果か髪が逆立っていて皆に笑われる。そしてやはり帝に捨てられた。その姉弟が放浪の乞食になって旅の途中で出会うのである。そして互いの不幸を慰め合って、別れていくという話である。

なかなかこういう設定の話は書けるものではないだろう。帝といえどもそう多くの皇子を養うことはできなかったのかもしれない。また盲いたり、逆髪だったりするのは前世の因果だけでなく、親の因果とも受け止められているので、帝にすれば自らの背徳を責められているようで忌まわしかったのかもしれない。それでいたわしくも皇子でありながら賤民であるという絶対矛盾的自己同一を生きなければならないのである。

この善悪の彼岸、聖と俗の自己同一というテーマは、実は煩悩即菩提の天台思想の作品化なのであるが、朝廷や幕府にとっては危険思想にも写ったかもしれない。世阿弥が晩年に佐渡に流されたのもこの危険思想とかかわっているのかもしれない。

謡曲『姨捨《おばすて》』

作　世阿弥

ワキは都から来た旅の僧。信濃の棚田の田毎の月で有名な更科の月を眺めようと姨捨山《おばすてやま》にやってきた。すると、一人の女が現われる。ワキが姨捨（姥捨）の跡を問うと、女は『万葉集』の詠み人知らずの「我が心慰めかねつ更科や姨捨山に照る月を見て」の跡を教える。ここに捨てられ人はそのまま土になって埋もれてしまったがその執心は残っているという。そして今夜は月の出と共に現われて夜遊を慰めようといって姿を消す。つまり美しい更科《さらしな》の月を愛でて遊ぶことがあまりに素敵なので、成仏しきれないで姨捨てで捨てられた老女までが、名月の夜に霊として現われるのだ。月を愛《め》で、月は勢至観音だと語り、田毎の月は無辺光で浄土に誘っているという。そして昔のごとく舞を舞う。昔の秋《とき》を返せと妄執を語るのだ。夜が明けると都の人は帰り、また、姨捨山になってしまう。この曲は姨捨の悲惨を嘆くというよりも、更科の月のカタルシスが強烈で、たとえ姨捨てられた後もその思い出は永遠に朽ちないで残っているということがテーマなのかもしれない。つまり老女の妄執の中にこそ菩提があるということで、煩悩即菩提なのである。

V　日本の伝統とは何か

新しい神「天皇」

最近、「日本の伝統に帰れ」とか、「古い道徳に復帰せよ」とかそういう声がよく聞かれます。

まあそれはある意味でよいことなんですが、しかしその人たちの議論を聞くと、どうもその伝統というのは戦争中の日本国家の伝統に帰れというものでして、「古い道徳に復帰せよ」というのは『教育勅語《ちょくご》』の道徳に復帰せよということのようなのです。

私は実は明治時代の日本の国家というものは、日本の古い大事な伝統を捨て去って、日本を近代化したと思います。そこから近代日本の国家神道が起こったのです。いってしまうと、明治の最初に廃仏毀釈《はいぶつきしゃく》・神仏分離という、仏を退けてしまって神様を仏様から離してしまう、つまりお釈迦様を捨ててしまうというような政策がとられたのです。

それはもうひどい話でして、もう仏像が、それも国宝級の仏像が破壊されるような、そういうひどい「廃仏毀釈」が起こったのです。その後はそういうひどい「廃仏毀釈」の政策は廃止されましたが、明治以来の日本の政府の文化政策は廃仏毀釈にあったと思います。

「仏様を殺してしまった」、そればかりか仏様と仲良くした神様を仏様から離して、神様まで滅ぼしてしまったのです。そして日本を近代化したのです。これがやはり私は一番の問題点だと思います。

そして神様・仏様がいなくなったその空白の所に新しい神を創った。それは〈国家という神〉であり、〈天皇という神〉であったのです。こういう新しい神を創ることによって、日本国は一つの中心点、天皇という一つの求心点をもったのです。それはある意味では、非常に巧妙な政策であったといえます。

日本は「西洋に追いつけ追い越せ」だったのです。西洋に追いつくには、国力を凝集しなくっちゃならない。だから天皇という国力の凝集点をつくって、そして国家のあらゆる力を集めて、西洋に追いつき追い越さなくてはならないという考えなのです。これはやはり明治以来の日本の国家方針であったといえます。

日本はそういう政策のおかげで見事な発展を遂げ、西洋に追いつき、西洋なみの強い豊かな国をつくりました。だけれど、日本人が千何百年の間信じてきた仏と神を捨ててしまう、今でも仏教はけっこう盛んではないかといわれますが、日本の公教育から仏教は完全に締め出されたのです。江戸時代までは道徳教育は寺子屋で僧侶によって与えられました。明治政府が始めた修身教育には全く、仏教の色彩はなかったのです。

そして日本には津々浦々の神様がおられたのですが、その神様も捨てられました。その上で新しい国家とか天皇という神様が日本人の信ずべき唯一の神になったわけであります。私はこれは大変問題だったと思います。

このような神様が殺されたという状況の中でだれも起ち上がらなかった。ただ一人起ち上がったのが南方熊楠《みなかたくまくす》▼1でありました。彼は大変風変わりな学者でした。そういうふうにして天皇の下にすべての神様を集めるという動きには、彼以外は、当時の思想家たちはだれも反対して起ち上がろうとしなかったわけであります。

▼1 **南方熊楠《みなかたくまくす》**（一八六七〜一九四一）
和歌山県出身。民俗学者・博物学者。一九〇六年末に「神社合祀令《ごうしれい》」が布告された。これによって「鎮守《ちんじゅ》の森」と呼ばれた神社林が大量に伐採された。そのため生物が絶滅したり、また生態系が破壊されてしまうので、熊楠は、一九〇七年より神社合祀反対運動を起こした。この運動はエコロジー活動の先駆けである。熊野古道が今に残っているのも熊楠のおかげである。

『教育勅語』と「靖国神社」

こういう精神の中で生まれたのが「靖国信仰《やすくに》」と『教育勅語』なのです。靖国信仰は、古い神々を捨ててしまってみんな〈国家という神〉に統合したわけですが、その〈国家という神〉に殉じた人のみをそこで祀《まつ》ったのです。これは日本の古い神道と性格が違います。日本の古い神道は、自分たちの祖先を祀ります。それはいいことなのです。でもそれだけではだめです。同時に自分たちが滅ぼした前代の支配者を祀ったのです。自分たちの祖先と前代の支配者を祀る、こういう二本立てなのです。

自分たちの祖先としては伊勢の神様、自分たちが滅ぼしたものとしては出雲の神様、この二つを祀るのです。そしてこれが大切なことですが、出雲大社を伊勢神宮よりもっと大きな建物にしました。これが日本の神道の精神です。鎌倉時代において元寇という外敵の侵攻があって、北九州に攻め込んできた蒙古軍・元の兵士をたくさん殺しました。そして殺された元の人々を祀った神社をつくりました。

また朝鮮半島の人々に酷いことをした秀吉の「朝鮮征伐」では、京都に「耳塚」というのがありまして、そこには戦争で殺した朝鮮の人々の耳や鼻を埋葬して塚をつくったのです。▼2 このように、敵味方の区別なく戦死した人々をお祀りするのが、本来の日本の古神道の精神であります。ところが、近代日本は、先の日中戦争や太平洋戦争において、およそ三百万人の日本人を殺して、そしてそれより約十倍の韓国や中国やアジアの民を殺しています。

当然、自分たちの仲間を祀るということはいいのですが、もっと大きな神社を、この戦争の犠牲者となったアジアの人々を祀る神社を建てなくてはならないのです。それなのに日本の犠牲者だけを祀る靖国神社というのは、日本の伝統を大きく逸脱したものといわなければなりません。

日本のために戦死した人々をお祀りするのはけっこうなことなのです。でもそれは密《ひそ》かに悲しみをこめて、反省をこめて、お祀りすればよいわけです。

▼2 古来戦では敵の大将首などを手柄の証拠として持ち帰るが、一揆や足軽などの身分の低い者は耳や鼻を殺いで塩漬けなどにして持ち帰った。検分が終わったものは祟りを恐れて丁重に供養した。慶長二（一五九七）年に築造され、同年九月二八日に施餓鬼供養《せがきくよう》が盛大に行われた。なお古い耳塚では福岡市の香椎宮脇に神功皇后の新羅侵略の際のものといわれるものがある。

現職の総理大臣の靖国神社公式参拝

ところが、この靖国神社には、あの戦争を引き起こして、数多くの日本人に塗炭の苦難を与え、それ以上の大きな苦しみをアジアの人々に与えた東條《とうじょう》英機《ひでき》▼3が祀られているわけです。こういう靖国神社に、現職の総理大臣が公に堂々と参拝するというのは、侵略戦争によって殺された隣国の人のことを考えない、隣国の人々の気持ちを考えない、あまりに心ない仕業ではないかと私は思うのです。

その意味で、靖国神社というのは、日本の古神道に反する神社というか、大きく古神道を逸脱したところの、新しい〈国家という神〉、〈天皇という神〉の神道が生んだ神社であります。

▼3 開戦時の首相東條英機は、終戦直前の手記で、「新爆弾に脅え、ソ連の参戦に腰をぬかし」「『敗戦者なり』との観念に立ちたる無条件降伏を応諾せりとの印象は軍将兵の志気を挫折せしめ」などと記し、また「屈辱和平否屈辱降伏の途に進みつつある」政府を「敵の脅威に脅え簡単に手を挙ぐるがごとき国政指導者及国民の無気魂なり」などと批判している。彼自身はあくまで一億総玉砕の覚悟だったのである。

『教育勅語』の「忠」

それから『教育勅語』[▼4]もまた、新しい明治維新以降における「廃仏棄釈」の新しい流れに沿った道徳ではないかと思います。かつて我が国の道徳、特に庶民の道徳は仏教だったのです。

仏教は何を教えていたか、

- 人を殺してはいけない
- 嘘をついてはいけない
- 欲張ってはいけない

それらを教えたのです。こういう教えが、日本人の心にずっと沁みついていたのです。その仏教の道徳を捨てまして、新しくつくられた『教育勅語』の精神を取り入れた修身教育を進めてきました。修身教科書に

▼4 『教育勅語』より。「一旦緩急アレハ義勇公ニ奉シ以テ天壌無窮ノ皇運ヲ扶翼スヘシ是ノ如キハ獨リ朕カ忠良ノ臣民タルノミナラス又以テ爾祖先ノ遺風ヲ顕彰スルニ足ラン」。

どういうことが教えられていたかというと一番大切な道徳として「忠義」の道徳が教えられました。

これは儒教の道徳でもありません。儒教の道徳ではやっぱり家庭道徳の「孝」が中心です。徳川時代に「忠」と「孝」を並べましたけれども、この「忠」というのは主君に対する「忠」なんです。たとえば『忠臣蔵』でいうと浅野内匠頭長矩《あさのたくみのかみながのり》への「忠」、直接に自分がお世話になった主君に対する「忠」でありました。それで「仇を討った」のです。

ところがそれを明治時代になって、その忠を全部天皇に対する忠にしたのです。そして『教育勅語』の中心は「一旦緩急あれば義勇公に奉じ」という、「お国のために戦え」ということなのです。ちょうど私は最後の戦中世代でありまして、もう勝つ見込みのない、あの太平洋戦争に自分が出征して、死なければならないということで学生時代に深く悩みました。

私のまわりでは、「天皇のために死ね」という声が大声で叫ばれていた。でも私は死にたくなかったですね。負けると分かっている戦争になぜ一つしかない命を捧げなければならないのか、そういうことに深く悩みました。

『教育勅語』の精神に帰れというのはアナクロニズム（時代錯誤）です。今は国家や天皇を神としてはいけません。明治の国家主義は西洋のホッブズ流の国家を絶対のものとする思想によってつくられたものです。これは十九世紀の西洋の思想なのです。そうじゃなくて今は、共同体の思想によって、ヨーロッパ共同体すなわちＥＵができているのです。アジアもヨーロッパにならってアジア共同体ＡＵをつくるべきだと私はかねてから考えています。国家が絶対じゃなくなったのです。そしてどこかでやはり人類は人類共同体というものを考えなくてはなりません。

環境汚染の問題が今はものすごく重要な問題です。人類はこのままでは危ない。あと百年したら人類絶滅の危機が来るかもしれません。私はあと百年は生きられませんから私の生きているうちには危機は来ないが、後百年というのは早いかもしれませんが、後千年は危ういです。人類の歴史にとって、後千年で滅びるということは大変なことなのです。今人類の共通の敵が迫っているのです。それなのに一国を絶対化するような思想は許されないと私は思っております。

私は昭和天皇にも、お目にかかったこともありまして、お話したこともあります。そして今上《きんじょう》天皇とテーブルを囲んだことが二、三回あります。昭和天皇は例の人間宣言の詔勅《しょうちょく》▼5で自分は人間であるといわれました。それは「自分を神様にした国家が間違っているんです」という意味でしょう。

今の天皇も「自分が神様になるのは大間違い。今日の平和的な、政治的権力をもたない象徴天皇で結構」と思っておられるでしょう。私は今の政治家より、天皇家の人々の方が、よっぽどリベラルだと思っております。

実は、日本の天皇は昔から政治的権力をもたないのです。政治的権力をもったのは、実に珍しいのです。院政時代の鳥羽・白河上皇とか、これを復活しようとした後鳥羽上皇とか、それから後醍醐天皇とか、そういう天皇が権力を掌握しましたが、そういう天皇はだいたい滅びています。天皇は昔から日本を統一する象徴であったのであります。今の天皇制がむしろ日本の伝統であったと思っております。

その意味で「靖国崇拝に帰れ」とか、「『教育勅語』に帰れ」というの

▼5 『新日本建設に関する詔書』（いわゆる人間宣言）の天皇の神格否定の部分は次の通り。
「朕ト爾等国民トノ間ノ紐帯《ちゅうたい》ハ、終始相互ノ信頼ト敬愛トニ依リテ結バレ、単ナル神話ト伝説トニ依リテ生ゼルモノニ非《あら》ズ。天皇ヲ以テ現御神《あきつみかみ》トシ、且《かつ》日本国民ヲ以テ他ノ民族ニ優越セル民族ニシテ、延《ひい》テ世界ヲ支配スベキ運命ヲ有ストノ架空ナル観念ニ基クモノニモ非ズ」。

は、時代遅れな思想です。日本を再びあの悲劇に導きかねない、大変悪い思想であるといわざるをえません。

聖徳太子の「和の精神」

それでは、いったい「日本の伝統とは何か」を考えてみましょう。まずやはり聖徳太子ですよ。憲法変えるのだったら、聖徳太子の『十七条憲法』を学べといいたいですね。『十七条憲法』を読みますと、「篤《あつ》く三宝を敬え」とあります。つまり篤く仏教を重んじる、聖徳太子（用《よう》明《めい》天皇の皇子。五七四〜六二二年）は仏教を中心に国づくりをしようとしたのです。ただ仏教ばかりではないのです。儒教や道徳も取り入れて、宗教的道徳国家に日本をしようとしたことは間違いないのです。

そして聖徳太子は有名な「和を以て貴しと為す」といっています。私は仏教を「和」でもって捉えてもいいかどうか多少疑問でしたが、よく考えてみますと、聖徳太子が仏教の精神を和として捉えたというは太子の慧眼ではないかと思うようになりました。

「和」というものはまず、国内の和です。日本は外国の侵略を受けませんでした。これは大した国ですよ。極東の離れ島だったからそういうことが可能だったです。外からの侵略があったとしたら、ただの一回です。元寇がそうでしょう。これを見事に退けましたが、外国人の来船は昔からありました。弥生時代に米づくりの人たちが大陸からやってきて日本に根づいたのです。その最終的リーダーが大和朝廷の人たちで、彼らが日本を国家として統一したというふうに私は考えております。

つまり、日本を統一したのは弥生人であり、征服されたのはそれ以前に日本列島に先住していた縄文人であって、弥生人の代表である大和朝廷が、縄文人であるところの土着の人たちを支配して創ったのが、日本という国であるというふうに、私は考えております。

そういう弥生人と縄文人との戦いがあったのです。そして天孫族《てんそんぞく》といわれる弥生人が大和朝廷をつくり、国を統一したのです。そしてまた仏教導入をめぐって蘇我《そが》・物部《もののべ》の戦いがあったのです。そういう戦いの経験を顧みて聖徳太子は「和を以て貴しと為す」といったのです。

国内を和でもって治めようとしたのです。その和というものは必ずしも足して二で割ったようなものではありません。盛んに議論して、議論を尽くすのです。そして議論をすれば正しい方が議論に勝つ、それを採用すれば国家にとって利益がある。「和があれば理がある」のです。つまり和があって議論すれば、筋が通ります。筋が通れば必ず利益があるのです。それは今でもそうじゃないですか。

栄える会社は必ず和があるのです。それはやはり、そういう会社はみんな議論させています。その議論の中から会社はいい意見を採用します。それで会社はうまくゆき利益も上がるのです。それが聖徳太子の精神なんだと思います。

国内は理をもった和で治めていくのです。それから対外的にもやはり和で付き合っていく、それで対外的には対等である。だから聖徳太子は隋に「日出るところの天子、日没するところの天子に書をいたす。恙《つつ》がなきや」▼6という書を送ったと『隋書』「倭国伝」にあります。

まさに対等外交です。この対等外交に隋の煬帝《ようだい》は大変怒ったという話もありますが、これは大変大事な外交の原則なのです。対等の平和的な

▼6 『隋書』「俀国伝」より。
大業三年、其王多利思比孤遣使朝貢。使者曰「聞海西菩薩天子重興佛法、故遣朝拜、兼沙門數十人來學佛法。」其國書曰「日出處天子致書日沒處天子無恙」云云。帝覽之不悅、謂鴻臚卿曰：「蠻夷書有無禮者、勿復以聞」。
（大業三（六〇七）年、その王の多利思比孤が遣使を以て朝貢。使者が曰く「海西の菩薩天子、重ねて仏法を興すと聞き、故に遣わして朝拝させ、兼ねて沙門数十人を仏法の修学に来させた」。その国書に曰く「日出ずる處の天子、書を日沒する處の天子に致す。恙なきや」云々。帝はこれを見て悦ばず。鴻臚卿が曰く「蛮夷の書に無礼あり。再び聞くことなかれ」と。）

関係を結ぶというのが聖徳太子の思想なのです。

そして中国は文化が発展しています。精神文化も技術文化も中国の方が上だ、だから、文化的使節である遣隋使を派遣して、中国の文化を輸入することを聖徳太子は行いました。

攻めるために船を出すとか、商売の船を出すことはあっても、ただ文化を輸入するために船を出すといったことは、世界の歴史で類例のないことで、聖徳太子という人はそういうことをあえてやったわけです。そのおかげで急速に先進文化を取り入れて日本の文化が非常に高くなったのです。これはやはり太子の先見の明によってできたことだと思います。

この経験があったので、明治時代にやはり先進文化を輸入する、そして日本を文明国にするという動きになったわけです。そのような国内的にも和をもって治め、対外的にも平和的な文化的な外交をする、それが太子の精神であったというように私は思います。

道徳としての『十七条憲法』

『十七条憲法』というのは、ただの法律ではなくて、道徳なのです。法律と道徳というのは必ずどこかでつながっております。実際に、道徳のない法律はつまらないし、また、法律でカバーされない道徳は力が弱くて、その点、『十七条憲法』というのは、道徳的性格が大変強く出ております。

これをきちんと読んでいくと「裁判官は不正をしてはならない。お金持ちに有利な判決をして、貧乏人に不利な判決をしたらいけない」といいます。これは大変いいことです。そして「官吏たる者は決して貪《むさぼ》ってはいけない。朝早くから夜遅くまで、民のためによく働け」ということが書いてあるのです。ここが『教育勅語』とは違うところです。『教育勅語』は政治家や官僚の道徳というよりは、庶民に与えるのです。何を与えるか、「一旦緩急あれば義勇公に奉じ……」というわけで、つまり「天皇陛下のために死ね」ということです。ところで自分たちの私利のために天皇を利用して「『教育勅語』に帰れ」という人は、そういう私利を貪る役人や政治家のために死ねといっていることになります。私はこれは、『十七条憲法』の精神に相反するものであると思います。

だから私はこれからの新しい道徳をつくらなくてはならないと思いますが、やはり民に上から授けるような道徳ではなくて、日本を支配している政治家や官僚の不正を厳しく戒めるような道徳でなくてはならないと思います。

一番悪いのは日本の政治を支配している政治家や官僚だと思います。今の防衛省の汚職を考えますと、ほんとにそうですね。

防衛というのは大事なんです。やはり日本はずっとなんとかやってきた。日本は歴史を見るとやはり強いんです。敵が攻めてきたのに対しては大変強い。必ず勝ってる。そして向こうへ攻めていったのは、終局には負けなんです。

豊臣秀吉の朝鮮侵略、そして今回の明治以降の大陸侵略、いずれも最終的には負けなんです。防衛には滅法強いけど、敵を攻めるのは下手なんです。こういう軍隊が望ましい。だから自衛隊というのがその意味で非常にいいんです。これはカントの『永遠平和のために』の精神に通じるのです。

そういう大事な義務がある防衛省の役人が利権を食い物にするとは、これこそ非国民ですね。こういう政治家や官僚は徹底的に罰しなくてはならんと思いますね。そうでしょう。（会場盛んな拍手）

私は学者でよかったですね。学者は悪いことしなくても生きていけます。政治家は悪いことしないと生きていけないような、そんな感じですね。

『十七条憲法』を書いた聖徳太子の精神は、日本の支配者を戒めるというものです。『教育勅語』とは違うのです。聖徳太子はそういう平和的、文化的道徳国家の日本をつくろうとされたのです。

聖徳太子のような熱情をこめた『十七条憲法』のような、あの人類の理想を見渡した憲法なら私はけっこうですが、今の動きは国家主義の憲法をつくるというそういうような憲法改定の動きには私は反対であります。

「天台本覚論」が日本の思想の根底

もう一つ日本の伝統として、これは皆さんあまりよく知られないと思いますが、重要な思想があるのです。それが天台本覚論《てんだいほんがく》の思想であります。

天台本覚論とは何かといいますと、これは難しいですがね、平安時代に平安仏教というものが興《おこ》りましたが、これは、日本天台宗と真言宗です。ところが天台宗の方で密教を取り入れる思想が起こりました。それが天台密教、すなわち「台密」です。法華経だけでいいという〈法華一乗の思想〉の天台宗が、真言宗から密教を取り入れて天台と真言を総合した形なのです。

六世紀末に蘇我氏と物部氏が仏教導入をめぐって戦争しましたね。七世紀以降に戦争した神様と仏様を仲良く共存させようとした思想が起こりました。それが役《えん》の行者《ぎょうじゃ》に始まる修験道《しゅげんどう》です。修験道というのは神様と仏様を総合しようとするものです。また当時神様でありながら仏になろうとした神様がいました。こういう神様の願いを聞いて神仏共存、神仏習合の精神をはっきり出した仏教が真言密教なのです。

天台密教というのは〈天台と真言の融合〉でありますし〈神と仏の融合〉でもあって、そういう天台密教が最後に出した理論が「天台本覚論」という思想であります。

そして、この「天台本覚論」は、実は、鎌倉仏教の共通の思想になるのです。鎌倉仏教というのは、浄土宗と浄土真宗と時宗の浄土教、臨済宗と曹洞宗の禅宗、それから日蓮宗、この三つの流れを鎌倉仏教といいますが、この共通の思想ですね。したがって、非常に大事な思想というか、日本の思想の根底だといってもいいと思います。

草木国土悉皆成仏

その思想が非常に簡単なパラグラフ（paragraph 節）で表現されてい

ます。「草木国土悉皆成仏《そうもくこくどしっかいじょうぶつ》」です。これは大変よい言葉ですね。平安初期に最澄《さいちょう》と奈良仏教との間に論争がありまして、すべての人間が仏性《ぶっしょう》をもっていて成仏できるかどうかという論争です。

天台仏教の最澄は「だれもが仏性をもっていて、生まれ変わり死に変わりしている長い間に、いつかは成仏できる」という説を唱えましたが、奈良仏教の人たちはそうじゃなくて「やっぱり人間には、仏性をもっている人と、もっていない人、もっているかどうか分からない人と、この三種類ある」というふうに考えておりました。だからほんとに仏性をもっていて、成仏できる人は少数だという考えだったのです。

当時、天台仏教は皇室の庇護を受けて、他の仏教より優勢になったのです。それですべての衆生《しゅじょう》は成仏できるという考えが強くなったわけですね。その仏性をもっていて成仏できるものの範囲を人間に止めずに、草木や国土にまで広げるのが平安時代の後期に盛んになった天台本覚論の思想だったのです。

これは実はインド仏教を逸脱しています。釈迦仏教はやはり動物までが衆生なのです。植物は衆生じゃないのです。だから衆生を殺しちゃいけないというのは、動物を殺しちゃいけないということです。だから仏教徒は肉食をせずもっぱら草食するのです。釈迦は、自分が虫を踏みつけないようにいつも下を見て歩いていたといわれます。

植物や国土まで〈衆生〉

ところが天台本覚論は仏性をもって成仏するものの巾を広げました。人間のすべてばかりか動物のすべてを、そしてそればかりか、さらに植物までも、そしてさらに国土つまり鉱物まで広げるのです。こういう考えは、中国の天台仏教においても見られます。「道教」の影響だと考えられます。中国仏教ではこのような思想は少数派に過ぎませんが、日本仏教においてそれは多数派になったのです。こういう思想が「天台本覚論」なんですね。

これはいい考え方ですね、動物をいたわろう、動物の命を大事にしようという考え方です。そして植物の命まで大事にしようという考え方です。そればかりか国土までも大事にしようという考え方です。それはやはり環境保全には一番いい考え方だと思います。こういう考え方が実は日本の伝統なのです。

しかし明治以来西洋文明を移入して自然を破壊したのです。動物をむやみに獲ったり、植物を絶やしてしまう、これでは自然が破壊されて大変なことになります。日本では昔から山や川を生きているもの、体をもっているものと考えました。たとえば山ですが、日本には山の付く姓が多くありますが、山上（山頭）と山背とか山腰とか山手とかいう姓があります。それは日本人が山を人間のように体をもっていたと考えていたことを示します。

そして田中角栄の「日本列島改造論」によって日本経済を豊かにし、日本を便利にしましたが、その反面、日本列島を破壊しました。このような政策によって、植物や動物も絶滅したものが多いのです。植物の絶滅した原因は主にゴルフ場をつくったからです。私はゴルフしません。ゴルフなんてどうも先天的に嫌いなんです。

ゴルフやっても真に健康にはなれません。精神的にも健康になれるのは、西国三十三ヶ所巡りとかに限りますね。それはただ身体を鍛えるだけではなくて、精神も高くします。ゴルフでは精神は高くならないのですよ。そして自然を破壊しているのです。「草木国土悉皆成仏」という思想は大変よい思想なのです。

こういう思想は実は芸術にも表現されているのです。最近私は能楽に大変夢中になっておりますが、「草木国土悉皆成仏」という言葉は世阿《ぜあ》弥《み》の能や禅竹《ぜんちく》の能にたくさん出てくるのです。

たとえば禅竹の能で『杜若《かきつばた》』という能があります。旅人が業平《なりひら》の歌で有名な三河八橋《みかわのやつはし》を訪ねると若い女が出てくるが、その女は杜若の精である、しかし単に杜若の精ではなく、業平と関係のあったすべての女の精である。それればかりではなく、女たちに喜びを与えた業平の精でもあることになるのですね。

そして業平はそういうすべての女と同衾《どうきん》することによって女性に悦《よろこ》びを与えた菩薩であるというのです。これはちょっと何か好色を奨励しているようでね、私は必ずしもその思想に賛成しませんが、このことは草木国土はすべてセックスによって成仏することになるということです。

禅竹にはまた『芭蕉《ばしょう》』という能があります。冬の芭蕉が若い女性になって、深夜人里離れた山寺を訪れるという設定です。この女性と和尚にはセックスの関係があったかのように語られます。しかし芭蕉は冬になると葉を落とし、冬の芭蕉というものはありえません。そのありえない冬の芭蕉、幻の芭蕉が女となって、寂寥《せきりょう》の山奥の寺で僧とセックスをするというものすごい能です。

松尾芭蕉の俳号も禅竹の能の『芭蕉』からとったのじゃないかと思うのです。杜若も芭蕉も成仏しています。それから雪も雲も成仏するのです。そういう「草木国土悉皆成仏」という考え方は今の環境破壊に対してこれを克服する大変いい伝統思想だと思います。

近代精神の大きな壁

私は今の近代文明というのがやはり大きな壁にぶつかっていると考えています。このような人類の危機を招いたのは、近代哲学なのです。近代哲学の精神に従って近代文明はつくられているのですが、それはだれの哲学かといえば、デカルトとかベーコンという人たちの哲学であります。

簡単にいいますと、デカルトはすべてを疑った、すべてを疑って最後に疑っている自分が存在しているのは疑えないという原理に突き当たったのです。

それが有名な「我思うゆえに我あり▼7」、自分が思っている、そう思っている自分、これが一番確かな実在だという思想なのです。思惟する人間を絶対視する、そして思惟する人間に対して存在している対象世界が自然の世界です。

この対象世界、自然世界のロゴス（論理）を知る、それが科学なのです。そのロゴスを知ることによって人間は自然を支配することができる、これが技術なのです。「我思う」を最高の確実な存在として絶対化する、そしてそれに対して自然の世界が対立する。そして自然の世界は自然科学的な法則によって支配されているので、その法則を認識する、そうすれば、人間は対象世界を支配することができ、自然を奴隷のごとく使う

▼7　デカルト『方法序説』第四部より「私は考える、ゆえに私は存在する」一八七下〜一八八下の箇所を野田又夫訳『世界の名著22　デカルト』（中央公論社、一九六七年）より引用する。

「ほんのわずかの疑いでもかけうるものはすべて、絶対に偽なるものとして投げすて、そうしたうえで、まったく疑いえぬ何ものかが、私の信念のうちに残らぬかどうか、を見ることにすべきである、と考えた。

かくて、われわれの感覚がわれわれをときには欺くゆえに、私は、感覚がわれわれの心に描かせるようなものは何ものも存在しない、と想定しようとした。

次に、幾何学の最も単純な問題についてさえ、推理をまちがえて誤謬推理をおかす人々がいるのだから、私もまた他のだれとも同じく誤りうると判断して、私が以前には明らかな論証と考えていたあらゆる推理を、偽なるものとして投げすてた。

そして最後に、われわれが目ざめて

ことができるという、これが簡単にいいますと、デカルトやベーコンの思想です。そういう考え方によって近代文明はつくられたのです。

この考えにより、人間が自然を支配した、こういう自然支配の哲学が豊かな富を生み、また強い武力を生んで、そういう富と武力で西洋人が世界を征服して、世界を一つにしたのです。そして驚くべき豊かで便利な文明をつくりました。

先進国の人たちは、今までの人たちでは考えられなかったような豊かで便利な世界を享受していると私は思いますね。日本人は住の点ではいろいろと問題はありますが、食べるものと着るものの点では中世の貴族の生活をしているのです。

飽食の時代

私の子供の頃は、チーズを食べるなんてとんでもなかったのです。うちは味噌屋だったので毎日味噌だった。朝も味噌、昼も味噌、夜も味噌

いるときにもつすべての思想がそのまま、われわれが眠っているときにもまたわれわれに現われうるのであり、しかもこの場合はそれら思想のどれも、真であるとはいわれない（夢の思想には存在が対応しない）ということを考えて、私は、それまでに私の精神に入りきたったすべてのものは、私の夢の幻想と同様に、真ならぬものである、と仮想しようと決心した。

しかしながら、そうするとただちに、私は気づいた、私がこのように、すべては偽である、と考えている間も、そう考えている私は、必然的に何ものかでなければならぬ、と。

そして「私は考える、ゆえに私はある」Je pense, donc je suis. というこの真理は、懐疑論者のどのような法外な想定によってもゆり動かしえぬほど、堅固な確実なものであることを、私は認めたから、私はこの真理を、私の求めていた哲学の第一原理として、もはや安心して受け入れることができる、と判断した」。

だったのです。魚といえば鰯《いわし》でした。たまには鯛《たい》なども食べることがありますが、それでもやはり魚といえば鰯でした。ほんとに貧しい暮らしをしていたのですが、そして今は贅沢《ぜいたく》ですね。美味《おい》しいものを食べていますね。「乞食」まで飽食になって、「デブ」になって高血圧で死ぬというような、そういうちょっと昔では考えられないようなことになっています。

まさしく「飽食の時代」です。この文明は確かに人間に豊かさと便利さを与えてくれたのは間違いないですね。私の子供の頃と今と比べるとうんと違いますね。

テレビなんかできまして、今ではすぐに世界の裏側で起こったことでも観れるでしょう。ほんとに便利になってそれはある意味で田中角栄の「日本列島改造計画」のせいでもあるわけです。しかしそういうような文明が今や、大きな壁にぶつかっているのです。

核兵器を率先して廃棄せよ

そしてこの人類の未来を危うくするようなことが起きているのです。一つは核戦争の危機です。これも私は相当深刻じゃないかと思います。核は今保有国の核独占体制になっていますが、だんだん核兵器が発展しますと、小型化、低廉化《ていれんか》してもうどんな国ももてるようになるのです。どんな国でも人類をほとんど殺してしまえるような核兵器をもつかもしれません。

恐ろしいのは国家だけでなく、組織や集団がもつということです。その中には大変危険な集団が出るに違いないと思います。そういう核戦争が人類を滅ぼすということは十分考えられます。

アメリカは、ならず者国家といわれる北朝鮮やイランが核をもってはいけないといっていますが、そういうことをいうのだったら、もっと自分たちの核を少なくしたらどうだっていいたいですね。自分たちだけ全人類を滅ぼすような核兵器をもって、お前たちがもったらけしからんというのは矛盾だと思いますね。[8]私はやはり核戦争はどうしても避けなくちゃならないと考えます。

自然は人類の母

それからもっと大きな危機は、環境破壊の危機です。これは地球の温暖化ということともつながっていますね。これは大変なことであるということが分かってきました。

私は若い時、京都大学の卒業論文で、「進歩の時間」というのは近代思想の共通の信念だけれど、「進歩の時間」ではだめだということを書いたのです。今から考えてみれば、ある種の先見の明があったと思います。だんだん環境破壊が深刻になって、私のいった通りになってきました。

その当時は進歩に反対する人間は大変悪い奴だと思われていたのです。もっとも「進歩」について資本主義は無限に発展するという考え方と、

▼8　梅原猛のスーパー狂言『王様と恐竜』（集英社、二〇〇三年）はアメリカのイラク侵略を批判し、核独占体制を痛烈に風刺している。

社会主義にならないと進歩はしないという二つの考え方がありましたが、私はどちらも反対でした。進歩という思想そのものがもうだめだと主張し、そして近代文明が大きな矛盾にぶつかっていることを卒業論文に書いたのです。でもあまりそれを理解する人はいませんでした。

私の予言は当たって、環境破壊の問題が二十年前ほどから大きく叫ばれるようになりました。これは大変な問題で近代人は自然を征服すれば、自然は奴隷のように人類に仕えるだろうと思ったのです。

でも自然は決して奴隷ではありません。自然は人類のお母さんなのです。お母さんの中から生まれてきて、お母さんを酷使している、お母さんを殺してしまおうとしているんですよ。お母さんを殺したら自分も滅びるのですよ。

今やそういう時代に来ています。人間中心主義はもういけないのです。やはり生きとし生けるものを重視する日本の「天台本覚論」のように、動物ばかりか植物まで、あるいは鉱物まで、国土までも、人間と同じように生き死にをする、そしてそれらは仏性をもっていて、成仏できるという、そういう考え方にならなければならないと思うのです。

人間性喪失の危機

それからもう一つ、大変なことですが、人間がもう人間じゃなくなるのではないか、人間性を失うのではないか、人間が獣になるのではないか、そういうことを恐れる日もあります。私はいろいろ人間を見ていますと、人間はやはり非常に賢い野獣ですね、特に政治家はそうですね、悪いけれど。

今よくテレビに出てくる政治家の顔を見ますと、そう思いますね。あの人たちは賢いのです。ものすごい賢いのですが、結局は自分の欲望だけに仕えているのです。国のことは全然思っていません、人類のことなんか全く思っていないのです。そういう欲望の塊なのです。科学技術をもった大変賢い獣です。自分の欲望だけを満たす賢い獣に人間が化しつつあるのです。

それで私は、この人類の三つの危機を乗り越えないと、人類は存続できないと思うのです。もちろんそう簡単には滅びませんよ。私の人生よりは先に滅びることはありません。私の人生は後まあ十年は大丈夫だと思っていますが、危ないな十年は、もう近いな、あっちが。二十年は無理でしょう。二十年経つと百二歳でしょう。これはまあ無理です。

八十二歳で私はまだ頑張っています。学界の、またマスコミ界の第一線で頑張っとるぞ、まあ自分では思っています。本当はもうだいぶ時代遅れになったかもしれないけれど、自分の心の中では少なくともそう思っているのです。だけどそう長い間は続きません。私の人生よりは人類が長生きするのは間違いありません。だけどやはり言うべきことは、言っておきたいのです。

もう八十歳を過ぎますと、あまり欲はないのです。女性に対する欲望ももうすっかり衰えてしまって、もう肉体的には無理なのです。もう名誉欲も地位欲もあまりなくなった、もう文化勲章はもらったし、▼9 もうこれ以上もらうものはありません。そしてもう地位も要りません。そういうことでもう隠居の身分ですから、言いたいことは言っておこうという心境です。

▼9 梅原猛は、一九九九年十一月に文化勲章を受賞した。

日本文化は大変すばらしい、日本文化は将来の人類が発展するような思想をその胎内にもっている、そういう思想にもとづいて日本が進み世界が進んだらいいいと思うのです。

底辺の人々の思いを語る能

いつまで生きるか分かりませんが、まあやりたいことはいっぱいあるのですよ。一番今は能に夢中になっていますが、やはり能はすばらしいですよ。その思想はいいんですよ。「草木国土悉皆成仏」これは平和への願望が強いのです。そして『源氏物語』千年記念がありますが、『源氏物語』はやはりあれは貴族の物語なのです。ところが能は貴族の物語ではないのです。貴族も主人公になってはいますが、『藤戸《ふじと》』という作品を読みますと、人間の中でも賤《いや》しめられている、そういう人たちの悲しみ喜びを描いているのです。だから私はそういう文学のすばらしさを明らかにしたいのです。

新しい人類の思想の構築へ

それからまた親鸞という人とも格闘したいですね。親鸞はすごいのです。『教行信証《きょうぎょうしんしょう》』以外のほとんどの本は、八十歳以降に書かれていま す。私は今八十二歳ですが、今まで書いた本は大したことありません。これから本当の本を書くのです。だからやはりその親鸞についても書きたいのです。死ぬ前にやはり親鸞について書きませんと、極楽浄土に往けないだろうと思います。

そして何よりも私は日本の文化の中には、この「草木国土悉皆成仏」のような思想があります。私はその思想を中心にして哲学をつくりたいと思います。

近代西洋哲学は人間中心ですね。人間中心の哲学は間違っている、そして人間を滅ぼすのです。近代科学は、太陽が地球の周りを回るという天動説から地動説に変わりました。そこから真の自然科学が発達しました。しかし哲学において、西洋近代哲学は人間中心の天動説ではなかったのではないか、人間中心の哲学を自然中心の太陽中心の哲学に変えることが、今人類のもっとも重要な課題ではないかと思います。

私は八十二歳になりましたが、このようなむつかしい哲学の課題が私に生まれたのです。このような自覚の上に立って、デカルト哲学に代わるような哲学を立てねばならない。それには時間がかかります。五年かかるか十年かかるか分かりません。しかしそういう哲学を創造しないと私は死ねないような気がします。今日はあつかましい大法螺《おおぼら》になりました。ご静聴ありがとうございました。

＊大阪経済大学主催「大阪経大論集三〇〇号記念講演会」（二〇〇七年十一月二十八日、大阪経済大学フレアホール）

対談　新しい哲学の創造をめざして

聞き手　やすいゆたか

『梅原猛　聖徳太子の夢』について

梅原猛の思想の根底に聖徳太子がある

梅　原　今度のミネルヴァ書房から出版していただいた、やすい君の『梅原猛　聖徳太子の夢――スーパー歌舞伎・狂言の世界』の本のことから話しましょう。この本はどういういきさつで書かれたのですか。

やすい　二〇〇五年に『評伝梅原猛――哀しみのパトス』（ミネルヴァ書房）を書きましたが、その際に文学作品についても触れていましたが、紙幅《しふく》の関係で割愛せざるをえなくなりまして、梅原文学論は別著として書き直すことになったのです。評伝は「哀しみのパトス」がテーマでしたが、梅原先生のスーパー歌舞伎では、哀しみのパトスは昇華され、表現の喜びというか、創造の喜びに溢れています。それで「夢の翼」というようなテーマで書き直そうとしたのです。

そもそも、どうしてスーパー歌舞伎が生まれたのか、その時期の梅原先生は柿本人麿《かきのもとひとまろ》を追いかけて『水底の歌』の後に『歌の復籍』を書かれていました。そして『隠された十字架』を受けて聖徳太子の業績と生涯を四部作にまとめようとされていました。それに梅原先生は『古事記』の現代語訳にも取り組まれて、その際にオオクニヌシとヤマトタケルの伝承の部分が大変ドラマチックなので、これはひょっとして当時の随一の詩人である柿本人麿の作ではないかと思われたようです。

ということはオオクニヌシの平和で豊かな国づくりをしても、戦士ヤマトタケルが平和の象徴である白鳥になって故郷の湖に帰ってくるという発想も、聖徳太子の和の精神に連なっていると感じられたのではないかと想像されました。つまりヤマトタケルは熊襲《くまそ》や蝦夷《えみし》と同じように帝《みかど》から排除される立場にあったわけですね。それで熊襲や蝦夷も含めた和というものを求めているわけです。それで聖徳太子は、凡夫の自覚をもって謙虚に話し合い、衆智を寄せ合って一緒に解決していこうという和の精神ですから、梅原先生の『ヤマトタケル』や『オオクニヌシ』には聖徳太子の精神が貫かれているのだということです。

梅原　生きているうちから私の評伝を出していただくのは、大変ありがたいことです。とうとう骨董品になってきたのかなという気もしましたがね。今度の本はとても面白かったです。解釈が百パーセント正しいとは思いませんが、梅原猛の一つの解釈としては面白かったです。特にこれは面白いと思ったのは、私の根底に聖徳太子の和の心があって、それがあえて『九条の会』に参加させた動機になったんじゃないかという解釈ですね。この解釈は私自身も気がつきませんでした。やすい君が見破ったことです。

最近の私が書いた『河勝』という能の本でも、やはり聖徳太子は河勝が大変怒っているのをなだめていますね。聖徳太子は自分も酷《ひど》い目にあったけれど、やはり和の心を説いた以上、河勝と現代の社会において不正に対して怒るのは必要なのですが、最後にはやはり和の精神が大切なのです。現代の社会において怒りと和を調和させるのはむつかしいことですが、それを調和させて日本をよい国にするというふうに書きましたね。確かに私の思想の根底に聖徳太子の和の心があるかもしれないです。

やすい　ああ、そうですか。私は梅原先生はいつも聖徳太子を意識されているとばかり思っていました。

『ギルガメシュ』を人類の財産に

梅　原　意識してませんよ。もう一つは、『ギルガメシュ』という作品を取り上げていただいたこと。私は自分の作品の中で『ギルガメシュ』が一番いい作品だと思っているのですよ。

やすい　なるほど、そうですか。思想的にも一番根源的なテーマを扱われていますね。

梅　原　にもかかわらず、日本の作家や評論家は全くそういうことが分からない。日本の場合小説が主流だから戯曲は評論にも値しないという風潮ですね。『ヤマトタケル』についてもほとんど批評はありません。『ギルガメシュ』についても評論家は全く取り上げません。でも『ギルガメシュ』は人類の自然破壊の根底を掘り下げたものなので、私の創作では一番思想的な作品だと自分では思っているのですよ。それをやすい君は正面から取り上げて世界に通用する文学だとしていただいた、これは非常にありがたかったですよ。この二点にまあお礼をいいたいのです。

まあ不満としては『オグリ』を全く取り上げていないことです。

やすい　平和と民主主義を日本の伝統思想である聖徳太子の和の思想によって受容するというのが本著のテーマでしたので、あまり関連が明確じゃないと感じまして、紙幅の関係もあり取り上げなかったのです。

梅　原　『オグリ』というのは私の人生がもっとも投影されている作品です。私が立命館大学を辞職してから、京都市立芸術大学に赴任《ふにん》しまして、移転問題でリーダーにならなきゃならない立場になったのです。それまではわがままなところがあって、集団の一員としては落第生の私が、長にならなきゃならないという、そういう経験がありまして、自己変革を迫られ、移転を成功させ、あるいは国際日本文化研究センターを立ち上げて、その初代所長になるとか、日本ペンクラブの会長になったわけです。そういう無頼《ぶらい》の一匹狼から集団の長への変身を書いているので、これは私の人生にとって大変重要な意味をもった作品なので、取り上げて欲しかったと思います。

やすい　なるほど、確かにそれが抜けていたのは残念ですね。

梅　原　全体としては、私の劇作というものを私の思想的な作品と同様に評価していただいたのはやすい君のがはじめてなので、その点私は大変感謝しているのです。

やすい『ギルガメシュ』で語られる自然の循環と共生の思想というのは、やはり梅原先生の思想評論で語られているもの以上にインパクトがありますね。それに『ギルガメシュ』だったら、小中学生でもある程度理解できると思うのです。政府が本気で環境問題に取り組むというのなら、文部科学省や環境省がタイアップして、劇団四季などでミュージカル化してもいいかもしれません。そういう形でも、全国で公演してそれをすべての小中学生に見せるぐらいやっても当然だと思うのです。それが中国でしか上演されていないというのはさびしい限りですね。

梅　原　あの作品は猿之助のスーパー歌舞伎にはなりにくいですね。猿之助歌舞伎だとやはり日本のもの、広げてもせいぜい中国の『三国志』ですからね。『ギルガメシュ』は現在のイラクあたりの超古代の物語ですから、歌舞伎にはなりにくい、それでも猿之助はやろうとしたのですが、なかなか松竹の方は、やるとはいわなかった。だから新劇が取り上げたらいいのだけれど、日本の新劇は視野が狭いのですよ。

　結局は中国だけだったです。中国の劇団は上手だったですよ。社会主義リアリズムの立場の人が演出したのです。中国では社会主義リアリズムでやっていたのだけれど、それがつぶれてつまらない現代的な劇がはやっている、そこで社会主義ではないけれどやはりリアリスティックな歴史劇の舞台をつくりたかった演出家がいるのです。その人がやりまして、フレッシュな演出で、うまくいきました。大変評判もよかったです。中国の環境大臣も観《み》にこられて。

　日本ではやれないのは、日本はやはり日本の文学は思想というものを受けつけないところがありますね。谷崎潤一郎だったかな、思想がないといわれたら、日本の文学に思想がないのは当たり前だといったのは。それなので、人類の抱えている重要な問題を扱ったような作品は、どうにも分からないといって、難しがって敬遠するようです。

やすい　要するに日本では娯楽に徹してないとだめだということですか。『ギルガメシュ』の元になった『ギルガメシュ叙事詩』は今から三五〇〇年以上前に成立した世界最古の文学ですね。それが人間と自然の対立など、もっとも普遍的なテーマを取り上げていて、それが現代の我々の問題を浮き彫りにしてくれているわけですから、それは当然世界中で上演されないといけませんね。

本当はだれもが重要性を理解できるのです。大学などでもダイジェストにして学生に説明しますと、一番反応がいいのです。死というものを受け入れないと本当に生きるということもありえないのだということが、『ギルガメシュ』では一つのテーマですよね。そこから共生と循環というものが出てきますから、そういう先生の思想の核みたいなものがドラマティックに展開されているのですから、十分娯楽性もあり、これは世界中で共鳴できるはずです。

日本で上演される前に、ヨーロッパで上演されたりしたら、日本が最後になったりしたら、これは日本にとっても恥だなと思いますね。やっぱりヨーロッパやアメリカで先に評判にならないと日本では取り上げられないのかもしれませんね。逆輸入的に。

梅　原　そういう可能性があれば『ギルガメシュ』は是非英訳してもらいますわ。

やすい　中堂祐保さんも梅原先生の作品は人類的な普遍性のあるものだから英訳しないとだめだといわれていたのですが。

梅　原　英訳はしたのですが、出版社が見つからなくてね。でもそういう努力もあまりしていませんね。世界に広がるのは僕が死んでからだと思ってますね。

やすい　環境問題は日に日に深刻になってきていますから、予想以上に早く進んでいますよ。死んでからでは遅いですね。

梅　原　なんとか努力しましょう、これから。僕が環境問題の重要性に気づいたのは随分古いのです。戦後すぐの学生時代からですからね、現代文明がどこかで病んでいるのを感じたのは。『ギルガメシュ』はもっとも先見的な作品だと思います。人類は都市文明をつくって、文明を発展させてきましたが、そのはじめにおいて既に病んでいたという環境問題の根本を論じたものです。日本の文学にはそういう思想性をもつものはほとんどありません。

やすい　『ギルガメシュ』は正面からその問題と格闘していますね。先生の循環と共生の哲学が『ギルガメシュ』に見事に表現されているわけです。

猿之助との出会いと『ヤマトタケル』の誕生

梅　原　梅原猛の哲学と梅原猛の創作した演劇がどうつながるかという問題をやすい君は提起し

ているのですが、私も実はそれを深く考えているわけではないのです。哲学者でありながら、演劇をつくっている人物としてサルトルとエリアーデが挙げられます。サルトルは文学者としても知られていますが、エリアーデは面白いことですが、かっちりした理論的なものを書く時は英語で書きます。それが面白い怪奇小説を書く時はルーマニア語でつまり母国語で書くのです。そういう形で精神のバランスをとっているような気がしますね。

やすい　エリアーデはインドで仏教などの研究をしているのですね、奥さんがインド人で。

梅　原　私も理論的なものばかり書くのではあきたらないので、文学的なものも書いて、精神のバランスをとっているのかもしれませんね。やすい君も指摘されているように、演劇の戯曲を書き出したのはかなり偶然的なものでした。昭和四十四（一九六九）年に立命館大学を辞職しまして、昭和四十七（一九七二）年に『隠された十字架』を書きました。それを読んで感動したから会いたいといって市川猿之助さんが尋ねてきたのです。彼は、もちろん私が歌舞伎の台本を書くなどとは全く考えていませんでした。そして数年間猿之助歌舞伎をずっと観続けていました。

そして同じ頃にやはり坂東玉三郎さんがやはり自分の歌舞伎を観て欲しいということで、知り合いになったのです。猿之助さんは三十代の前半で玉三郎さんはまだ十七か八だったと思いますよ、二人ともまだ若かった。

それで猿之助と玉三郎が出る『一本刀土俵入り』という演目のお芝居を南座で観たのです。長谷川伸の作品です。近代歌舞伎の中ではいい作品だとされているのですが。それを観まして、まあこんなのが近代歌舞伎かと僕はがっかりしたのです。天下の名優である猿之助と玉三郎が、長谷川伸には悪いけれど、こんなつまらない芝居をやってるのじゃだめじゃないかと正直感じたのです。

歌舞伎というのは、歌と舞と伎ですが、猿之助得意の宙吊りとか早替わりというのが伎です。そういうのを近代歌舞伎は活かしてないのです。しかもその筋も長谷川伸は人情劇ですわね、それとちがって真山青果《まやませいか》の方は対立する登場人物同士の論争に近い問答があり、その点は、西洋劇に近いが、しかし惜しむらくも笑いがない。そして近代歌舞伎には歌舞伎の伝統が全く活かされていないのです。

そんなもんじゃいかんので、伝統的な歌と舞と伎を再興して、猿之助得意の技、早替わり宙吊りも生かす。そして筋はギリシア悲劇やシェークスピア劇のように一貫している、そして気のきいた哲学的問答を入れる。台詞《せりふ》は現代語で人情も現代に沿う劇をつくるべきだと猿之助にいったのですよ。そしたら猿之助は私もそう考えていますというので、私はそれじゃあその作者を探しなさいといったのです。

数年経ったら猿之助が、「いろいろ探しましたけれどだめです。作家に先生の仰ったような注文つけて書いていただくようにいったのですが、いってることが通用しません」というのです。それで最後に「いっそ先生書いてくれませんか」と猿之助がいったのです。後でね、それは実は社交辞令で「先生が書けるとは思ってなかった」というのです。

やすい　まあ、哲学者が歌舞伎の台本を書けるとは、いくら梅原猛でもということでしょうね。

梅　原　ところがこちらは馬鹿正直なものだから、てっきり脚本を書くことを頼まれたと思って、「書こう」といったのです。「でも今学長していて超多忙だけど、学長やめたら時間ができるから書いてあげます」といったのです。

それから六年間学長しましてね、そして一度退いたことがありまして、その学長の職を。そして猿之助に会いましたが、猿之助が覚えていまして、「先生、学長辞めたら書くといったじゃないですか」というものだから、再度頼まれたと私は思って、どうしても書かないと悪いように思ってしまったのです。

その時にちょうど『古事記』の現代語訳をしていたのです。『古事記』というのはすばらしい文学作品でして、私はひょっとしたら原作は柿本人麿がつくったのではないかと思っているぐらいです。しかも『伊勢物語』や『源氏物語』の先駆けにあたる歌物語です。『古事記』でもっとも優れているのは、大国主《オオクニヌシ》と木梨軽皇子《きなしかるのみこ》（衣通姫《そとおりひめ》）物語。

やすい　同じ母から生まれた兄の皇子と妹の皇女の近親相姦の悲恋ですね。

梅　原　ええ、そして倭建《ヤマトタケル》の物語です。特にヤマトタケル物語はすばらしい。書いているうちにこれは猿之助歌舞伎でできるじゃないかと思ったのです。はじめは双子の兄弟殺しで、早替わりでやればよいですね。そして最後はヤマトタケルが白鳥になって天翔《あまが》けるのですから宙吊りです。早替わりで始まり、宙吊りで終わる、これはまさに猿之助だと思って、一気呵成《いっきかせい》に長い長い脚本を書いて猿之助に送ったのです。

するとある夜中に猿之助さんから電話がかかってきまして、猿之助さんは興奮しているのです。「あれはすばらしい劇です。先生はシェークスピアかワーグナーです」というのです。これは社交辞令だと分かりましたよ、さすがに。（笑い）それでも私は信じてなかったのです。こんなものがほんとに芝居になるかなと思っていたのです。

超一流のスタッフ陣と観客百万人動員の大当たり

やすい　でも猿之助さんは役者のキャリアでぐっと来たのでしょうね。
梅　原　猿之助は絶対成功させないといけないといって、頑張ったのです。成功か失敗か答えが出るまで三年かかったのです。
やすい　すごいスタッフを揃えたのでしょう。
梅　原　ええ、舞台装置は朝倉摂《あさくらせつ》さん、照明は吉井澄雄《よしいすみお》さんです。衣裳をだれにするかで議論しました。歌舞伎の衣裳というのは、当然当時ああいう衣裳を着ていたわけではないわけで、当時の一番すごいデザイナーのつくった衣裳だったわけですからね、だから三宅一生《みやけいっせい》にやらせようということになって、頼みに行ったのです。すると三宅一生さんは「私は歌舞伎の衣裳はつくりませんが、いつも私のファッションショーで片腕になってくれている毛利臣男《もうりとみお》を推薦します」ということで、毛利さんが衣裳をやったのです。

やすい　あの衣裳はすごいですね。圧巻というか。

梅　原　あんなキラキラの衣裳だから、朝倉摂さんもびっくりしました。それであんなキラキラの衣裳だったら舞台装置は地味じゃないといけないということで、衣裳はキラキラ、舞台は地味ということになったのです。

やすい　照明は派手だったですね。

梅　原　照明を担当した吉井澄雄さんが来ましてね、「照明を仰せつかりましたが、三島由紀夫さんは歌舞伎には照明を使ったらだめたといわれていましたが、どうでしょうか」と訊ねるのです。それで私は「三島由紀夫は歌舞伎を分かってないんだ。もしも黙阿弥の時代に現代のような照明器具があれば、使ったに違いない」といったのです。

やすい　そりゃあそうですよ。元来の歌舞伎というのは徹底的に舞台づくりに凝《こ》ったでしょうからね。

梅　原　「歌舞伎というのは華やかなものだから、思い切って照明を使いなさい」といったのです。そしたら我が意を得たりというように「分かりました！」といいましてね、吉井さんが思いっ切り照明を使ったのです。蝦夷とヤマトタケルがチャンバラするところなど照明を見事に明暗にさせてすばらしかった。

やすい　確かにたっぷり楽しめるという舞台づくりでしたね。

梅　原　そのメンバーでパリのシャトレー劇場での市川猿之助演出、オペラ『ル・コックドール（金鶏）』というのをやって、それで成功疑いないと確信したというのです。そして三年かかって準備したのです。でも私はあまり成功を信じられなかったですね。信じたのは猿之助とそれから当時松竹社長の永山武臣さんです。批評家はこんなの芝居にならないといってたのに、永山さんは「これは当たる、ひょっとしたら大当たりする」といったのです。やはり猿之助と永山さんの判断が正しくて、大当たりしたのです。

やすい　それじゃあ、松竹は興行主として大儲けですね。

梅　原　それがはじめは原作料がものすごく安かったですよ。（笑い）

やすい　ああ、そうですか、そんなに大当たりするとは松竹も思ってなかったのですね。

梅　原　私もね、松竹にあまり損させてはいけないと考えまして、原作料はいくらでもいいですよといったのです。そしたらもう最低の値段をつけられたのです。原作料が舞台美術を担当する人ぐらいの値段になったのです。松竹社長の永山さんが京都の南座の興行に来て、「ヤマトタケルで儲かってなあ、儲かってなあ」というのです。こっちは人を招待するのに毎月何百万円かの損なんですよ。

やすい　そりゃあ滅茶苦茶ですね、泣きたくなりますね。

梅　原　今はもうだいぶ高くしてもらいましたが。

やすい　そりゃあ一九八六年二月初演で、二〇〇八年五月に百万人の観客動員を達成したわけですからね。

梅　原　まあそういうことで、私は思いがけないことで歌舞伎の劇作家になったわけです。還暦になってからですからね。

柿本人麿が梅原猛に『ヤマトタケル』を書かせたのか

やすい　先生に柿本人麿がちょうど憑依《ひょうい》している時に書かれたので、柿本が書いたかもしれない『古事記』の原作と、梅原先生の戯曲『ヤマトタケル』は案外近いかもしれないと私は解釈しているのです。

現行の『古事記』は柿本人麿が書いたものとずれがあるのじゃないかと思います。柿本は持統《じとう》天皇にとって都合悪いことを書いていたかも分からない。ひょっとして、逆鱗《げきりん》に触れるようなことをね。

梅　原　私はそういうように解釈していますね。やはりね、ものを書くということはね、もの書いたことが、逆に自分の運命になる。『古事記』はね、どちらかというとやられた方に同情しているのです。オオクニヌシにしても、木梨軽皇子にしてもね。もちろんヤマトタケルにしても、そういう同情は『日本書紀』にはないのですよ。それを思うとね、『古事記』であいう作品を書いた人物も、やがて自分の運命も同じような運命になる可能性があると私は見ているのです。

ただ三島もああいう小説書いたらね、やっぱり自殺しなければならないのです。
やすい　人麿がもしかヤマトタケル伝説の原作を書いていたら、継母《ままはは》が大碓《おおうすのみこ》皇子や小碓《おうすのみこ》皇子を殺すという設定……。

梅　原　あれは私の設定なので、『古事記』の設定ではないのです。
やすい　そうなんですが、私がいいたいのは、もし人麿が書いていたら先生と同じ設定になっていたかもしれないということです。持統天皇が大津皇子をはめたり、高市皇子《たかちのみこ》は病死と思いますが、ひょっとしたら毒殺されたかもしれない、そうしたことを人麿は疑っている気持ちがあったのかもしれませんね。そうしたらヤマトタケル伝説を書く時にそういう設定をもってくる。それを読んで、不比等《ふひと》あたりが持統天皇へのあてつけと気づいて、逆鱗《げきりん》に触れたということなのですが。もちろん現行『古事記』ではその部分はカットされていますが。
梅　原　『原古事記』というものは、人麿が書いたかもしれません。今の『古事記』は不比等の手が入っているのです。やられた方に対する同情が強すぎるのです。それは確かにいえるのです。それがまた私の解釈で、継母というのは、私の設定ですね。私の人生とからむわけです。
　また原作と大きく違うのは、原作の小碓皇子は大碓皇子を乱暴で殺してしまうのです。もしそのままお芝居にしたら、小碓皇子に同情が寄らないのです。兄貴を乱暴で殺すような男をいくら上手に演じたって観客が好きになることはできません。だからそこは、兄貴がお父さんを殺そうとするので弟に味方になれというのを弟は承知しない。それで兄が怒って殺そうとするのを弟が制止しようとして、誤って殺してしまったけれど、そのことはいわないで、兄の罪を隠すために自分がやったことにして、父親の怒りを買うという設定にしたのです。そこはよかったと思いますね。

やすい　また小碓皇子が父帝から圧迫されているというので、征伐される熊襲や蝦夷に対する同情があるのが梅原先生らしい設定ですね。

『ヤマトタケル』成功の理由

梅　原　私の歴史観ですね。日本は、土着の縄文人を渡来の弥生人が征服してできた国です。しかし縄文人はかなり高い文化をもっていて、それを弥生人が無残に殺しましたが、私はどこか縄文人に対する同情があるわけです。縄文人は、アイヌに残っているのですが、高い倫理観をもっているのです。そういう私の歴史観が入っていて、やられる方に対する同情があるわけです。それにプラスして、私の人生観が入っています。父との多少面白くないことがありましてね、親子対立の問題が入っています。また女性の問題とか、いろいろあるわけです。そういうことで壮大な歴史観と私の人生が入っている、その両面が入っていることで、思いがけず成功したのじゃないかなと思います。

やすい　還暦までの先生の思想の歩みと、梅原猛という個性の波乱万丈が絶妙に混ざり合って、名作が誕生したということですかね。

梅　原　それからもう一つはね、政治家や官僚のずるさとか変わり身の早さというのをね、センターつくるのにいろいろと苦労している時に政治家や官僚を見ていたのです。あるお役人はね、センターつくるのに、つくるなといって、絶対反対していたのですが、中曽根さんが京都に来まして、私が口説いたので、実現に変わったのです。そしたら掌を返したように、最初からものすごく賛成だったかのように見事に変わり身を見せて、そして見事にそのプランを実現してくれたのです。日本の官僚のある意味で優秀さ、変わり身の早さ、やれないと思うことはしませんが、やれると思ったら、すごい能力を発揮するのです。その変わり身の早さと優秀さを描いたのです。そしてそのモデルになった官僚に見てもらいましたが、そのモデルが自分だと気がつかないらしいのです。（大笑い）

やすい　それじゃあ中曽根首相もモデルになっているのですか。

梅　原　中曽根さんはね、「俺はヤマトタケルだ、だれだれは帝だ」といって、自分はいじめられる立場といってましたけどね。そうじゃないかもしれないけれど。（笑い）女性についてはね、女房はね、『オグリ』を見てね、「『オグリ』の照手姫《てるてひめ》は私がモデルだ」といいましたよ。だけどね「弟橘姫《おとたちばなひめ》は私ではない。私はあなたのために死ぬようなことはありません、だれかでしょう」ていわれましたね。（大笑い）それはちょっと違いますけどね、まあそういう人もなきにしもあらずですけれどね。そういう女性体験が形を変えて入っています。そういうのは小細工でやっているのではなくて、自然と湧き出てくるのでそういう無欲が思いがけずよい芝居になったのでしょう。

やすい　そういう先生の人間性の部分は確かに大きいのですが、『ヤマトタケル』には歌舞伎の原点に帰っていて、その醍醐味《だいごみ》を存分に味わうことができる魅力がありますね。

梅　原　私は今世阿弥を研究しているのですが、やっぱり私の歌舞伎の理論も、世阿弥理論ですね。世阿弥は「歌舞」といいますからね。歌があって舞があって、それに一定の筋をもった劇がある、これが能なのですよ。歌と舞のないのは劇ではない、それが歌舞伎に伝わっているのですよ。しかし近代歌舞伎になると、歌と舞が落ちて歌舞伎でなくなっている。長谷川伸と真山青果の作品にはほとんど歌と舞がありません。これを復活させたのですからね、私と猿之助さんは世阿弥を復活させたのです。猿之助さんも私も世阿弥の徒《と》だと感じているのですけれどね。

やすい　『ヤマトタケル』はスペクタクルな点においては世阿弥を超えているでしょう。

梅　原　それがまあなかなかそれ以上のものをつくれないのですよ。今また猿之助さんと相談していますけどね、なかなかできませんね。また私は市川亀治郎さんとも親しいので、市川亀治郎さんとも何かつくってみたいのです。

やすい　先生と亀治郎さんとの対談『神と仏』対論集3『神仏のまねき』（角川学芸出版、二〇〇六年）によりますと、柿本人麿もので考えておられたのではないのですか。

梅　原　それがちょっとむつかしいのでね、楠正成でもどうかしらと考えているのです。これか

らの仕事として猿之助劇団にも書きたいけれど、なかなかあれ以上のものはできないですね。あ
あいうのは無欲でこそできたので、意識するとなかなかできないものなのですよ。

やすい　『オオクニヌシ』などはどうなのですか。すごく読み応《ごた》えはあるし、文学的価値も高いと思うのですが。

梅　原　『オオクニヌシ』については後から話しますが、全く書き直そうと思っています。それから茂山千之丞《しげやませんのじょう》さんにね、「梅原さん、猿之助のためにスーパー歌舞伎を書かれたけれど、東京の歌舞伎のためばかりじゃなくて、地元京都の狂言のためにも書いてくださいよ」て頼まれたのです。書きましょうかとあやふやな返事をしたら、千之丞さんは国立能楽堂で相談してこられましてね、もう梅原さんが書きますといって、日にちが決まっちゃったのです。それで困りましてね、実はムツゴロウの小説を書こうとしていたのです。それがなかなかできなかったのです。それで行き詰まっている時に千之丞さんが来られて狂言を頼まれたので、それじゃあ『ムツゴロウ』を狂言にしようと思って書いたのが狂言『ムツゴロウ』です。

小説から狂言になった『ムツゴロウ』

やすい　夏目漱石の『吾輩は猫である』をパロディにした『吾輩はムツゴロウである』という長編小説を企画されていて、原稿用紙にして既に数百枚も書かれておられるようで、「第一章　穴

の中の哲学者」が『新潮』二〇〇一年六月号に掲載されましたね。ムツゴロウというのは元々は巨大な美しい魚だったのが、弱肉強食、食べたり食べられたりする修羅の世界を嫌って、醜い小さな体に変身して浄土である干潟に上がり、泥の中に住んで苔《こけ》を食べて生きているという、実に大胆な発想で、求道的な哲学者ムツゴロウを描かれて、衝撃を受けました。続きを期待していたわけですが。

梅　原　小説としては書ききれなかったのですが、狂言『ムツゴロウ』は、環境破壊というものをするどく風刺した『ギルガメシュ』と並んだ私の主要的な作品だと思いますけれど、やすい君には大変高く評価していただいたのですが。

やすい　ところで小説の方は完成させるおつもりはおありですか。

梅　原　『オグリ』の舞台を瀬戸内寂聴さんと観に行ったのですが、よくできているのですが、どこか自分のものではないという感じがしたのです。それで自分のものを書きたいと思って小説を書いたのです。それが『中世小説集』（新潮社、一九九三年）と『もののかたり』（淡交社、一九九五年）の二冊になります。これは大庭みなこさんにほめていただきました。「芥川龍之介の中世のものよりもおもしろい」といっていただいたのだけれど、まあもう小説は書けませんね。

やすい　『吾輩はムツゴロウである』は既にもうかなり書いてあるのでしょう。もったいないですね。

梅　原　死んでから整理してミネルヴァ書房で出してください。たくさん原稿は書いたのですが、やはり失敗作ですね、完結できないのです。小説は失敗したけれど、狂言『ムツゴロウ』の方はいい狂言だと思いますね。千之丞さんは、猿之助さんと同じで、あの人はすごい人ですね。なかなかうまい演出をしてくれましたね。それに役者として千作さんがすばらしい、出ただけで大笑いでね。なかなか台詞《せりふ》を覚えないのでね、それがまた面白い。

やすい　なかなかえげつない落ちで、罰でのこぎり引きにする代わりにムツゴロウの顔にするとか、痛烈で、痛快なところがありますね。

梅　原　やっぱり狂言というのは本質的に時の政治や政府を批判するものでね、そういう伝統を古典芸能化してしまった狂言は忘れていたわけです。それをもう一遍復活させたものなのです、『ムツゴロウ』と『王様と恐竜』はね。

糞尿が降って世界が平和に

やすい　『王様と恐竜』はアメリカ主導のグローバリズムを徹底的に戯画化して笑い飛ばしましたね。

梅　原　トットラーという戦争好きな王様が登場しますね。ヒットラーと東條英機を混ぜ合わせて、そしてどっかにブッシュが加わっているのです。イラク戦争が始まる前に二〇〇三年の『すばる』新年特大号に書いたのです。米英のイラク侵攻を止めようとしたものです。やっぱり私は正しかったと思いますね。

やすい　今となればオバマ大統領の当選ということで、アメリカ国民にも通じたということですかね。

梅　原　ところが、当時は国立能楽堂でやった時は、ブッシュ批判があるので、政府からちょっと抗議が来ましてね、はっきりというわけではないのですが、あまり歓迎されなかったようです。

やすい　そういえば『王様と恐竜』はパリ公演もありましたね。

梅　原　文化庁から金もらって、私も金を出しましてフランスでも公演したのですが、フランス政府はブッシュ批判がついているので、喜びは顔に出さなかったですね。観衆はものすごく喜んだですけれど。（笑い）

やすい　狂言だから徹底的に茶化しますからね、笑い転げるぐらいに。

梅　原　最後には糞尿が出て、世界が平和になるという設定ですから。多少アリストファネスの喜劇の影響を受けているのです。

やすい　確かに『女の平和』ではセックス・ストライキで男の身勝手な戦争を止めさせるわけですからね。糞尿を降らして平和をもたらすというのも発想の奇抜さではひけをとりませんね。

梅　原　『王様と恐竜』も衣裳の成功があるのです。横尾忠則君がね、最初はポスターだけ頼んだだけなのに、衣裳もやらせてくれといって、衣裳もサービスでしてくれたのです。ひびわれのような衣裳で舞台装置とか全部横尾君がやったのですよ。それですばらしいものになったのですよ。横尾君も一種の天才ですね、こないだ会ったら、またやりましょうやといってました。「先生は七つ狂言を書くと仰っていたのに、まだ三つしか書かれていないですよ。やりましょう、やりましょう」とえらくけしかけられたのです。それでまた書こうかと思ってはいるのですよ。でもね、まあ、諫早湾《いさはやわん》の締め切りとか、イラク侵略とかああいうことが起こってこないと喜劇は書けませんね。

えげつない落ちでだらしない内閣を笑殺

やすい　諫早湾の締め切りで干潟を破壊し、ムツゴロウがホロコーストされた時には、先生は枯れた干潟《ひがた》で瀕死のムツゴロウから怨念を受け継がれていますね。

梅　原　『ムツゴロウ』は、諫早には何遍も行きまして、そして書いたのですよ。『王様と恐竜』は、イラク戦争に対する憤りで書いたのですが、やっぱり私はどっちも正しかったと思っています。まあそういう事件があると触発されて書けるのだけれど、今の時期だとちょっとインパクトが小さ過ぎて書けませんね。

やすい　『憲法第九条』の問題でも、最近は自民党自身が弱体化して、しょぼくなって改憲の動きが止まってしまっていますね。やっぱり先生が参加された「九条の会」の果たした役割は大きかったと思いますね。

梅　原　だから「九条の会」が私にね、呼びかけ人になるように頼んできたのだけれど、メンバーを見ると旧左翼ばかりじゃないか、旧左翼しか「九条の会」に名を連ねないのでは、共産党の応援団体になったらまずいですよといったのです。はっきり共産党が嫌いな人が入っていなければだめだといったのです。そしたら三木睦子（三木武夫夫人）さんが入ったので、私もまあそれなら入るけれど、共産党が主催になるような「九条の会」には出ませんよといったのです。私は瀬戸内寂聴さんや立花隆さんを「九条の会」の呼びかけ人にすべきだといったのですが、それらの人は入れられませんでした。三木さん以外では私一人が反左翼のメンバーです。小田実君や加藤周一さんは死んだので、益川敏英さんや中沢新一君などを入れた方がよいと思います。憲法改定の動きは今はそれほどじゃなくなっているので、やっぱりいいことをしているのだと私は考えています。

やすい　現在は世論調査でも憲法第九条改正には反対の方が多いですよね。

梅　原　ええ、今はね、でもあの時は憲法第九条を改《か》える方が多かったですよ。それで鳩山由紀夫さんに会って、やっぱり九条を守るという姿勢でやらないとだめだといったら、鳩山由紀夫さんは「そんな人は少ないです」といったのです。それで私はおかしなことをいうなと思ったのです。九条を守るといって頑張れば民主党の支持が集まるのにと思いました。ところで最近の空気はもう憲法の問題より、もっと手近な経済の問題などが主となっています。それにあんまり内閣がだらしなさ過ぎるのです。そういうだらしない内閣を風刺する狂言をつくらなければいけませんね。

やすい　「えげつない落ちで笑わせその後で振り返させるそれが狂言」ということですから、傑作の落ちでだらしない内閣を笑殺してください。（笑い）

理論的なものと文学的なものの精神的バランス

梅　原　いろんなことをこれからやりたいので、どれだけ演劇に時間を割《さ》けるかどうか分かりませんが。やっぱりサルトルやエリアーデのように、どこかこう理論的なものだけではね、私は納《おさ》まらないのです。

やすい　あんまり硬い理論のことばかりでは肩が懲《こ》りますわね。

梅　原　でも文学的なものを書きますと、また理論的なものをやりたくなるのです。やはり二つのやりたいものがあるのです。私は最初は中学生の頃に作家になりたかったのです。でも才能がないと思って諦めたのです。そして哲学をやったのですが、でもどこかにそれが潜んでいて、それが猿之助によって目覚め、意外にも劇作家になったのです。

どこかこれはバランスとりながら、後は残りの人生で歌舞伎や狂言を書きたい気持ちが強いのです。『ヤマトタケル』で百万人動員したので、もう一つ百万人動員する劇をつくりたいのです。スーパー歌舞伎は宙吊りをやらないといけませんし、チャンバラが出てこなければいけません。

チャンバラが出て、宙吊りができるような劇をつくるのはなかなか難しいのです。だから『ヤマトタケル』のようなものは天が与えた作品です。それ以上のものができるかどうか、でもやりたい気持ちは強いんです。

やすい　それに狂言や能も書かないとね。

梅　原　能より狂言の方が私には合っているような気がしますね。狂言を書きたいですね。そういう意味でやすい君の『梅原猛　聖徳太子の夢』は大変私を勇気づけてくれました。

やすい　そういっていただければ、うれしいです。私の本が出版された意義は大いにあったということですね。

世阿弥について

秦河勝とうつぼ舟

梅　原　今まで私の日本研究は主に古代だったのですが、ところが三年前かなあ、能楽研究者の東大教授の松岡心平《まつおかしんぺい》さんから、赤穂《あこう》に秦河勝を祀った大避《おおさけ》神社があり、自分も詣《もう》でたら大変興味深かったから、詣《まい》られませんかという知らせがあったのです。

やすい　松岡心平さんと先生は『神と仏』対論集4『神仏のしづめ』（角川学芸出版、二〇〇八年）という能楽についての本格的な対談をなさってますね。

梅　原　河勝は聖徳太子の一番の寵臣《ちょうしん》だったのです。松岡さんは、梅原先生は聖徳太子の研究家だから訪ねられたらいかがでしょうという、それに中沢新一さんも私も行ったけれど大変面白かった、是非行かれたらというのです。それで赤穂の坂越《さこし》の大避神社を訪ねたのです。

『隠された十字架』を書いた時に、秦河勝については、よく分からないところがありまして、全く触れなかったのです。海辺に大避神社がありその前に生島という人が立ち入れないひょうたんのような形の木の茂った島があり、そこへ秦河勝が皇極《こうぎょく》三（六四四）年九月十二日に流れ着いたという伝承があるのです。これについて世阿弥は『風姿花伝《ふうしかでん》』で、河勝が流されてうつぼ舟に乗って坂越に着いた、そこで大荒大明神になって祟ったと書いているのです。さらに禅竹《ぜんちく》もそれについて『明宿集』で同じことをもっと詳しく語っています。禅竹は金春《こんぱる》流の家元ですから、自分の金春流の能楽は河勝が始祖だということを書いているのです。河勝には三人の子がいまして、長男は大和の長谷川党で武を伝え、次男は河内の四天王寺で雅楽を伝えました。そして猿楽を伝えたのが三男の円満井の金春大夫です。

やすい　皇極天皇の時代に大化の改新の乙巳《いっし》の変が起こりますね。

梅　原　ええ、皇極三年という年は非常に歴史的に重要な年です。皇極二年が蘇我の入鹿たちによって太子一族二十三人が殺された年なのです。そして皇極四年に蘇我の本家である入鹿と蝦夷が殺されたのです。このつながりを考えますと、中臣鎌足という人は日本人に珍しい天才的な革命家で、緻密なプランで蘇我氏を滅ぼしているのです。まず蘇我氏一族の精神的な権威を形成する太子一族を葬るのです。太子一族と蘇我入鹿を仲違いさせて、山背大兄皇子を長とする太子一家を滅ぼしてしまう、そうすると蘇我氏の精神的権威が失われます。そうしておいて蘇我宗家を滅ぼしたのです。その間にちょうど蘇我氏および太子一族の経済力を支える秦河勝を流罪《るざい》にする。そうすると蘇我氏はいよいよ裸になるわけです。これは中臣鎌足の実に見事な陰謀だったのです。

やすい　河勝が流罪の際、乗せられたうつぼ舟というのはどういう舟ですか。

梅　原　うつぼ舟というのは、空っぽの舟で、いつでも沈ませることができるような、そういう罪人を乗せる舟です。それに乗せられて坂越に漂着したのです。その時河勝は八十三歳の高齢だったのです。それから三年生きて、八十六歳で亡くなったのです。死んで河勝は大荒大明神という祟り神になったのです。その祟り神を鎮めるために船祀りが行われています。その祭りの日が河勝が流れ着いた九月十二日。そしてまた祀りの舟も十二艘《そう》なのです。祀りを主宰する河勝の家来だった社家が十二家、大避神社の最後の石段が十二段、古い井戸の柱が十二本、お賽銭も十二円とか百二十円とか千二百円とかいう必ず十二の倍数。これはびっくりしましたね。

やすい　先生の『うつぼ舟I　翁と河勝』（角川学芸出版、二〇〇八年）では十二という数字はイスラエル十二支族に関連するユダヤ教・キリスト教で重要な数字で、秦氏がネストリウス派キリスト教を伝えたのではないかという伝承につながるかもしれないということで興味を示されていますね。

梅　原　広隆寺は聖徳太子を祀っていると同時に、秦河勝を祀っています。「聖徳太子の悲劇」の裏に「河勝の悲劇」もあるのじゃないかということで、これは『隠された十字架』で書き残したことだから、やはり河勝について書かなければならないと思いました。河勝が乗り移ったわけですね。そしたら猿楽師すなわち能楽師も自分たちは河勝の子孫であるといっています。つまり河勝の子孫といってよい世阿弥も禅竹も乗り移ってきたのです。

それから三年間世阿弥の研究をやってきましたね、これは私の新しい研究分野です。今まで梅原日本学すなわち梅原古代学だったのですが、今度は中世学です。中世学を八十歳になってからやり始めたのです。（笑いながら）こりゃあ若い時ならいいけれど八十歳になってからでは問題の方が大きくて自分の体がもつかどうか心配しています。

『鵺』と『うつぼ舟』シリーズ

――　怨霊の続きですから、怨霊学者としてはやらざるをえませんね。

梅　原　梅原古代学の中心の問題が怨霊ですね。怨霊というのが一番活躍したのが中世です。だから中世をやらないと本当ではないのです。でも中世に入るのが八十歳では遅かったですね。それで今は『うつぼ舟』シリーズは二冊です。『Ⅰ翁と河勝』と『Ⅱ観阿弥と正成』（角川学芸出版、二〇〇九年）です。このシリーズは五冊か六冊になりそうです。まだ肝心の世阿弥に入ってないのです。

やすい　どうしてこのシリーズが「うつぼ舟」になったのですか。

梅　原　世阿弥の作品に『鵺《ぬえ》』という作品がありますね。鵺は近衛《このえ》天皇の時に、京都の東山の方から黒雲がやってくると天皇は怯えるのです。この黒雲は何か妖怪に違いないと源《みなもとの》頼政《よりまさ》に黒雲に向かって矢を放たせると鵺という奇妙な動物が落ちてきたという話は『平家物語』にあるのですけれど、世阿弥の謡曲では、その鵺の屍骸をうつぼ舟に乗せて、桂川から淀川を下って、流されて芦屋に流れ着いたことになっています。それで芦屋に泊まったワキの僧が鵺の亡霊に出会って鎮魂するという筋なのです。

やすい　だれもが同情するような聖徳太子や河勝だけではなく、そういうだれもが恐ろしがって忌み嫌いそうなものでも鎮魂の対象なのですね。

梅　原　能というのはやはり「草木国土悉皆成仏《そうもくこくどしっかいじょうぶつ》」という天台本覚思想《てんだいほんがく》にもとづいています。能は人間ばかりか、動物、植物いろんなものがシテすなわち主人公になるのです。それがワキの僧によって鎮魂されるという筋です。鵺は天皇の命を狙った極悪非道の動物ですね。それを主人公にしてその鎮魂の能をつくるのです。私はこれは異常なことだと思いますね。それがうつぼ舟に乗って流されたのです。そういうものを書いたのは、世阿弥は鵺の中に自分の運命を予感していたからではないか、そして世阿弥も河勝のように鵺のようにやがて流されることになるのです。

やすい　世阿弥は足利義満には大変可愛がられたのでしょう。いったいだれに流されたのですか。

梅　原　その『鵺』という謡曲を書いたのは六代将軍義教《よしのり》の時代と思われます。それで義教に嫌われて、自分もうつぼ舟に乗せられて流されるという予感をもってこの能をつくったのではないかと思いますね。それで「うつぼ舟」という言葉が、赤穂、芦屋なんかよりずっと遠い佐渡に流される世阿弥の運命を象徴しているので、全体を「うつぼ舟」という題にしたのです。

なぜ世阿弥は流罪になったのか

やすい　世阿弥が流される原因みたいなものは分かってないのですか。

梅　原　それはあまりそういうことははっきりいえてないですがね。記録はなく、具体的なことは分からないですが、私は元々上嶋家文書にあるように、観阿弥のお母さんは、橘正遠《たちばなのまさとお》の娘であると思っています。橘正遠というのは、楠が橘ですからね、楠正遠とすれば、楠正成《くすのきまさしげ》の姉妹が観阿弥の母になります。観阿弥は正成の甥だということになるのです。上嶋家文書というのは幕末の文書だからといって上嶋家文書の中にある「観世福田系図」を能楽研究者は一般に採用しなかったのですが、歴史家で皇国史観ですが、非常に優れた歴史家の平泉澄《ひらいずみきよし》さんは、きちんと上嶋家文書の正統性を明らかにしています。まず江戸時代のはじめに書かれる必要があったということ、そしてまた幕末にそのような文書をつくる必要があったということですね。それにこういうような文書が書かれたのは全国的なことなので、これだけ偽物だというのはおかしいというのです。それから林屋辰三郎先生もほぼ平泉澄さんと意見は同じなのです。

だから非常に優れた歴史家が確かなものだといってます。文学者たちはそれを採用したのです。杉本苑子さんは「江戸時代にもしこんな偽書をつくりえたとしたらそれこそがミステリーだ」というのですけれどね。そして白洲正子さんも使いました。しかし文学者が使うものだから、能楽研究者はかえってそれをフィクションだとしたのです。それはやはり私は、よく調べてよく読んでみれば、上嶋家に伝わる伝承で、それは観世家の伝承とほぼ一致するのです。そうするとなぜ義満は観阿弥を重んじたかが分かります。ただ観阿弥の芸を気に入ったのみではなくて、観阿弥が正成の甥だということを知っていて、ひいきにしたのかもしれません。

やすい　敵視していなかったのですか。

梅　原　そのときの義満の狙いは南北朝合体なのですよ。南朝を吸収して、南朝と北朝が一体になるというのが義満の政治思想であったのです。その思想の中で観阿弥を拾い、重じたということが行われたのではないでしょうか。戦後の能楽研究者は、能楽というものを全くの政治的無風地帯で考えてきたのですが、そういう政治的風潮の中で考えてみなければならないのじゃないかと思います。だからやはり世阿弥の流罪もそういうことと深い関係があるのです。

考えてみると、やはり河原乞食という非常に身分の低い猿楽師観阿弥・世阿弥親子を将軍義満が寵愛したのです。そういう権力の頂上にいる将軍と社会の底辺にいた猿楽師が出会ったのです。だから世阿弥は脇能というものを書いて、将軍のご機嫌をとっています。けれど心の中においてどこかやはり権力者にいじめられていた民衆の出だという気持ちがありまして、権力者の横暴やわがままを許しがたいという気持ちがあったと思います。だから世阿弥自身の中にもそういう大きな矛盾があります。世阿弥は一方で権力者のご機嫌をとったような作品を脇能で書きながら、他方で権力者の欲望の犠牲になる民衆の立場に立って、権力者のわがままを告発するような作品をつくっていたのです。『蝉丸《せみまる》』なんかそうですね。

やすい　ええ、醍醐天皇の時代の話ですね、帝の皇子で盲目だった蝉丸が無慈悲にも捨てられます。その姉の皇女逆髪《さかがみ》は狂気で髪が逆立っていて、やはり見捨てられて道に迷って放浪します。大津の逢坂山のところで琵琶を弾いている蝉丸に出会うのですが、二人でいても共倒れなので、分かれてしまうという非情な設定ですね。

梅　原　天皇の皇子でありながら権力から追い出された。天皇の皇子でも皇太子になれればいいのですが、残りの皇子はむしろ権力の邪魔になる。それで追い出す、それはやはり将軍の息子などでもいえます。次の将軍になれる人はいいのですが、むしろ世継ぎのライバルと見なされた将軍の息子は嫌われて、追放になったり、殺されたりします。そういう人を書いています。あるいは世阿弥の作品でない、世阿弥周辺の人の作品と考えられていますが、『藤戸《ふじと》』のように権力者に利用され、邪魔になったら全く無残に殺された民衆をシテとした能をつくっています。そういう底辺の民衆に同情した作品が世阿弥には多いのです。いろんな矛盾があってどうしても譲れない線があります。はっきりいいますとやはり義教は世阿弥の甥の音阿弥《おんあみ》を可愛がって、世阿弥一家を迫害しました。

やすい　将軍が観世一座や世阿弥一家のプライベートの中に割り込んできて、俺は音阿弥が好きだから、音阿弥に継がせろなんて横暴ですね。公私混同の極致ですね。

梅　原　そして世阿弥の嫡子の元雅《もとまさ》は、圧迫に耐え切れなくなって、どうも南朝方の越智《おち》氏のところに逃れたのです。そして元雅は伊勢の北畠氏のところにのがれて斯波兵衛三郎《しばひょうさぶろう》に殺されたらしいのです。その一件と世阿弥の流罪はつながっていると思うのですがね。世阿弥は人を殺すことを好む暴君義教将軍と対立したのです。

これは利休の場合もそうなのです。利休は豊臣秀吉と対立しました。世阿弥でも利休でも権力者に認められて出世し有名になった。でも芸術の立場と権力の立場は違います。そういう最後の一線でやはり譲れなかったのではないかというのが、私の見方です。

やすい　盲目の皇子である蟬丸を帝が非情にも捨てたというような表現で、権力者に対して反抗的だと見なされたということは分かりますが、史料的に何々の罪によって流されたということははっきりしないのですか。

梅　原　史料的にははっきりしません。だけど佐渡へ流されるのは重罪なのです。佐渡へは順《じゅん》徳《とく》上皇、日野資朝《すけとも》も流罪になったし、佐渡は政治的な重罪者の流罪の地です。死罪を一段許された形なのです。やはり世阿弥を死刑にすることは、世阿弥という人の名声を考えると、それだけは避けたのではないかということで、もっとも重い遠島流罪《えんとうるざい》の刑を課されたということなのです。
やすい　七十一歳ですから身に堪《こた》えますね。

流罪期の作品

梅　原　ええ、でも世阿弥は佐渡に流されてもやはり能をつくっていたのではないかと考えています。本物の作家だったら、どんな状況におかれてもどんなに追い詰められても書くことをやめないものです。自分がそうだからそう思うのかもしれませんが。（笑い）
やすい　先生の場合は、次々とひらめきが起きるから、書かないと苦しいでしょうね。
梅　原　佐渡に六年もいて、作品ができないはずはないのでね、やはり「立山地獄」の説話を題材とした謡曲『善知鳥《うとう》』なども『藤戸』なども私は佐渡流罪中に世阿弥が書いた作品ではないかと考えています。義教が将軍になった頃から佐渡時代にかけて書いたのだと思います。私はその時期に権力者批判の、底辺の民衆の哀しみを描いたものをつくっていると思いますね。そこがやはりすごいところですよ。
　脇能などは権力者に迎合《げいごう》する内容なのですが、どこかでね、どうも一言批判するようなところがあるのです。私でもそうですよ、ほめないといけない人はほめますが、どこかに一言だけでも批判的なところを書いていますよ。やはり全面的に持ち上げてはいないようなところがあります。世阿弥は脇能をたくさんつくっていますが、それで権力者から免罪符を得ていたのです。『恋重荷《こいのおもに》』なんかでも、あれは女御《にょうご》のわがままを描いているのですが、権力者のわがまま。それは主として天皇権力ですね、将軍権力に対してではありません。天皇家に対しては悪くいっても大丈夫だったのです。

やすい　それじゃあ将軍家は現に権力を握っていて恐ろしいから遠慮して、現に権力をもっていない天皇家に対して権力批判しているわけですね。でも将軍家にすれば、天皇家を批判しているように見せかけて、あてつけで将軍家を批判しているのではないかと思うわけですね。

梅　原　義教はそう感じたでしょうね。義教は暴君だけど頭はものすごくいい男ですからね。彼はある意味で大変面白い男ですわ。

やすい　将軍にでもなれば自分の子供たちに対してもみんなにいいようにするのではなくて、継がせる者以外には、冷たかったりするのですかね。

梅　原　そこが義満と義教の違いです。実は二人とも優秀なのです。義満は権力を振るいましたが、どこか寛容なのです。そういう寛容な政治では義教は自分の親父だけど、それではだめだと思ったのですね。権力というのは自分の敵は必ず殺さねばならぬという哲学を義教はもっていたようです。マキャベリズムの最たるものです。これが彼がたくさんの人間を殺した理由です。

やすい　そのせいで一四四一年、赤松満祐《みつすけ》に嘉吉《かきつ》の乱で自分も殺されることになりますね。

民衆の哀しみを表現した能

梅　原　そうです、それで自分も殺されますからね。世阿弥の息子の元雅は義教の命で殺されたと思いますが、世阿弥だけは殺せなかった。一休が助命に働いたといわれますが、それだけが義教の寛容だったのです。

やすい　能とか世阿弥とかいうと、幽玄とかの美意識中心に論じられがちですが、民衆の立場からその怨念を描いた舞でもあるということですね。

梅　原　そこが『源氏物語』と能の違うところでして、『源氏物語』は貴族の文学に過ぎませんが、やはり観阿弥・世阿弥の能が出てきまして、文化が庶民のものになったというのは大変意義のあることだと私は思います。社会の底辺にいた人たちがシテすなわち能の主人公になったのは、日本の歴史の中で大変珍しいことです。まさに奇跡だったと思います。日本史家の網野善彦氏は、天皇と農耕民以外の社会の底辺にいた非農耕民が後醍醐天皇によって登用された、非農耕民が歴史の表舞台に登場するのは新しい歴史だというのです。室町時代もそれを受け継いで、いわば底辺の民衆の芸術が、貴族文化とぶつかって、新しい芸術を生み出したと思います。

やすい　ただ蟬丸は天皇の皇子なのに捨てられて、彼はギターじゃないけれど、琵琶の奏者で河原者の中に入っていって、そこから聖なるというか妖しい音楽が民衆のフォークと結合して芸術性の高い芸能が興《おこ》ってくるという伝承ですね。河原者出身の世阿弥などにすれば、蝉丸と自分たちを同一視して自分たちの芸能の聖性を信じたかったわけですね。それが能が民衆の哀しみを救済する宗教的な供養になるということですね。

梅　原　そうです。そうです。

やすい　『藤戸』でもそうですが、平氏をやっつけるための海の道を教えてやったら、ご褒美をもらえるかと思ったら、機密を守るためだと殺されてしまったわけでしょう。殺される側に立ったら、手柄を立てさせてやったのになぜ殺されなければならないのか、とんでもない不条理ですね。そういう不条理な死が当時はごろごろしていた。だからそういう怨霊鎮魂の劇が民衆の胸にぐっと来たのでしょうね。あれは民衆が観たのですか。

梅　原　そりゃあ、将軍も観たけれど、民衆も観たと思います。

やすい　だいたい神社とかで上演されたのですか。

観阿弥の宗教劇

梅　原　両方です。将軍の御前《ごぜん》で上演され、神社や河原で民衆の前でも上演されたのでしょう。観阿弥の『自然居士《じねんこじ》』にしてもね、坊さんは人を助ける道を説く、説くけれどあまり実行しません。しかし自然居士は人に説法して、人を助ける道を説いたら、困った人を見たら助けねばならぬと思うのです。そんな自然居士が説法を始めようすると人買いの商人に買われた娘がやってきて、身代衣というのを出しまして、これで親の供養をしてくれと頼みます。身売りをした娘だということを知って、自然居士は今日の説法をやめて、人買いを追いかけ、大津の港で人買いと出会い、問答をするのですが、それがまことに軽妙で面白い問答なのです。それは「俗の法」と「仏の法」の対立の問答です。それで自然居士は人買い舟に乗り込みまして、娘を解放しないと降りないと頑張るのです。人買いは人を買いに来て買えないで坊主を買って帰ったのでは、評判が悪くなるので、結局は娘を自然居士に返します。返すのにからかってやれというので、自然居士に舞をやれ歌を歌えというので、自然居士は歌って舞って、娘を連れて帰るという、これは一種の宗教劇ですね、観阿弥の劇は宗教劇、救済劇の色彩が強いのです。こんなにはっきりとした宗教的な救済劇は、日本で珍しいと思います。観阿弥はすばらしい劇作家だと私は思いますね。

梅原　小野小町のなれ果ての姿の老婆がいまして、卒塔婆が倒れているので、その上に寝そべっていたのです。それで高野山の僧と問答になるのです。高野山の僧は、心身を清くしてそして仏になるという立場なのです。だから卒塔婆に寝そべるのはけしからんというわけですが、ところが小町が考えるのは煩悩の多い人間の方が仏になれるという立場です。煩悩を絶って仏になるか、煩悩の中に覚りがあるかという問答なのです。西洋でいうディアレクティークですね。観阿弥の劇は対論劇になっているのです。自然居士は俗の法と僧の法の対立の問答がありますが、ここには仏教の二つの立場の対立の問答があります。結局小町の方が勝つのです。それで僧はこの老婆がただものでないと思い、あなたはだれですかと訊ねると、小野小町のなれの果てだと明かすのです。そして小町に深草の少将の霊が乗り移って、小町でありながら深草の少将になって、そして百夜通ったら会ってやろうという小町の嘘を信じて百夜通いをした、その苦しみを語るのです。百夜通いの九十九夜になって、突然深草の少将が死んでしまうのです。そして最後に「花を仏に手向けつゝ、悟の道に入らうよ」となるのです。最後はちょっと物足らないのですが、やはり非常に優れた宗教劇ですね。

やすい　劇としてよくできていたということですか。

梅　原　ええ、観阿弥はそういう劇能ですからね、ところが時間と共に劇は進行していくのです。観阿弥はシェークスピアみたいなものだったと私は思っています。世阿弥の方は行き着いたのはそれは複式《ふくしき》夢《む》幻能《げんのう》といって、怨霊の鎮魂劇です。それは前場は現在の時間ですが、後場になると時間が過去に遡ります。観阿弥の場合は怨霊鎮魂という色彩はちょっと弱いですね。世阿弥は、怨霊鎮魂劇をつくりあげて、怨霊を鎮魂していたのだけれど、最後は自分まで怨霊になったということです。（笑い）これから世阿弥論を書くのですけれど、これは大変な仕事なのです。

世阿弥の人生と作品の四区分

やすい　世阿弥作品が多すぎて整理が大変ですね。

梅　原　どれが世阿弥の作品かという世阿弥の作品の範囲を決定するのは難しいのです。もう一つ難しいのはそれぞれの世阿弥作品がいつできたか、つまり若い時の作品か、老人になってからの作品かを決定するのが難しい。世阿弥の運命は大きく変わりますからね、将軍によって。まず義満時代。

やすい　世阿弥は義満には大変可愛がられましたね。

梅　原　ええ、可愛がられたのです。義満が死んでからの義持の時代があります。そして義教の時代です。各時代で運命が変わるのです。それで運命が変わることで作品がどう変わったかという研究がまだできていないのです。

やすい　だから現在残っている謡曲というのは、そのままの形で全部残っているので、いつの時代にできたかが全然分かってないのですね。

梅　原　世阿弥の作品とされたのはものすごく多かったのです。それが百以上あったのです。それが厳密な考証の結果だいぶ減ってきました。しかしまた増えてきている段階なのです。まず世阿弥の作品の範囲の決定が大変むつかしいのです。そしてそれぞれの作品が初期の義満時代の作品か、中期の義持時代の作品か、それとも後期の義教時代の作品かを決定するのがむつかしい、そのことがはっきりしないのです。それはまだだれもやっていないのです。それをやらなければならないので、これは大変ですね。しかしそれをやらないと世阿弥論はできないはずなのです。たとえていうと川端康成の作品でも、『伊豆の踊り子』と『雪国』と『古都』と『みずうみ』とそういうのがどういうようにできたのかを論じないと川端康成論にはならないのです。それができていないので、世阿弥論ははじめからやり直さなければならないのです。今それをやっているのですが、ものすごくむつかしいのです。

やすい『檜垣《ひがき》』と『姨捨《おばすて》』みたいな、女性が自分が若くて美しかった頃に舞を舞ったりした思い出から離れられないで苦しんでいて、僧に鎮魂してもらうという話がありますね。宇野千代さんは戦後『檜垣』の話を聞いて、自分の恋多く若くて美しかった頃を思ったのか、能の世界にはまったという話がありますが、ああいう作品は先生のお考えではどの時期につくられた作品に入るのですか。

梅原　晩期でしょうね。『姨捨』というのは、どこか世阿弥自身が捨てられるのと二重写しなのです。甥が捨てるのですよ、だからおば捨てで姨捨てとなったわけです。自分が甥の音阿弥に捨てられるというイメージがどこかであります。そのように読んでいきますと、むつかしいです。『藤戸』などはおそらく佐渡流罪中にできたのではないかと思っています。それから『景清《かげきよ》』ね、私は『景清』などが一番好きなのです。

世阿弥作品に見られる反戦思想

やすい『景清』は元《もと》平氏の勇将で、平氏が滅亡してから日向の国に流されるのですが、源氏の世を見たくないと自ら両目をえぐって盲目になり、乞食同然になっているところへ娘が訪ねてくるという話ですね。流罪なので佐渡期の作品ということですか。景清の場合に、源氏の世を見たくないということは、裏返すと、自分が平氏の勇将だった頃の若く凛凛《りり》しい姿に固着して離れられないということですね。それで先ほどの『檜垣』と『姨捨』の女性が若くて美しかった頃から離れられないということは共通しています、『檜垣』と『姨捨』については世阿弥自身が幼い十二〜三歳頃デビューして義満に可愛がられた頃の美しさが忘れられないということでしょうか、女性的になりますすが。

梅　原　そういうものがあるような気がしますね。それで若い頃の作品ですが、二条良基《にじょうよしもと》に連歌を習ったのです。最初期の作品は脇能が多いといわれますが、非常に連歌的なレトリックが多いのです。縁語を使い掛詞《かけことば》を使います。それから引用が日本の古歌、中国の古詩、仏教の経典とか、非常に自分はこんなに教養をもっているといわんばかりの、一種のペダンティックなところさえあります。それが若い時の作品の特色です。実にきらびやかな作品をつくっていたのです。それがだんだんそういうレトリックが地味になってきまして、作品が悲劇的になります。それはやはり世阿弥自体の運命の変化だと思いますね。ちやほやされた時は美しいものをつくったけれど、人間の悲哀に迫るような作品をつくったのは、自分が逆境になった時だと思いますね。

『平家物語』を題材にしたものをたくさんつくっていますが、その中で『清経』という作品をつくります。清経というのは戦線離脱者ですね。非常に弱い人間で、戦争に耐え難くて、月の夜に海の中に飛び込んで死んだのです。私も戦争に行って、死にたいと思ったことがあります。武士の立場から見ると風上にも置けないようなそういう弱い人間を主人公にしてつくっているわけです。しかも妻との間には「かみ」を媒介にしています。「かみ」というのは神に見捨てられたという神と、妻に送った自分の「髪」と、そういう題材そのものに連歌的レトリックがあります。

ですから、基本的に世阿弥は平和主義者だったと思います。どこかにやはり反戦的なところがあります。『藤戸』なんかにも見られますが、戦争は罪のない民衆の命を奪うものだという思想があるのです。そういう世阿弥の思想はほとんど省みられなかった、つまり世阿弥は平和主義者だったという見方は今まで全然なかったのです。私は世阿弥は平和主義者だったと思います。こういう平和思想を能の中に持ち込んだのですから、世阿弥は大変偉大な劇作家だと痛感しています。

ことですね。

室町時代の宗教と芸能

やすい　今まで幽玄論などの美意識からだけ、芸術家としてだけ世阿弥が捉えられてきたけれど、人間性や思想で捉えられていなかった、それから宗教性を加味して捉えようとしなかったということですね。

梅　原　そうなんです。室町時代というのは日本でもっとも宗教的な時代なんです。親鸞《しんらん》の浄土真宗が広がったのは蓮如《れんにょ》以降で室町時代ですね。道元《どうげん》の説いたあのむつかしい『正法眼蔵《しょうぼうげんぞう》』を中心経典とする曹洞宗が広がったのも室町時代です。日蓮宗が広がったのも室町時代です。だから鎌倉仏教といわれていますが、鎌倉仏教の開祖が説いた仏教が民衆にまで広がったのは室町時代なのです。だから室町時代はもっとも宗教的な時代なのです。

やすい　その背景は戦《いくさ》が多かったということですか。

梅　原　そういうこともありますね。南北朝の戦いは、結局大義名分は全くない、最後にはものすごく多くの人が大義名分のない殺し合いをしたのです。そういう戦争を通じて新しい仏教が広がったのです。その際の新仏教の考え方は、どちらかといえば悪人の方が成仏するという考え方です。ですから悪人正機を説くのは、親鸞ばかりではない、日蓮でも結局は、地から湧いたような菩薩が活躍します。やはり禅でも煩悩即菩提といいます。煩悩の強い人間、悪人が救われるというのはやはり鎌倉仏教の共通の思想ではないかと思います。そういう時代の芸術を考える時に、宗教思想を無視してはだめですよね。やはり能というのは非常に宗教的な劇であると考えなければならないと思います。

やすい　それが平和な江戸時代になったら宗教性が薄れてしまったのですか。

梅　原　江戸時代には幕府は能を保護してしています。幕府は宗教思想や体制批判の思想が広がっては困るので、単なる骨董品《こっとうひん》の芸術として保護したのです。

やすい　高尚な芸事にして、その毒を抜いたわけですね。

梅　原　それで冷凍庫の中のように能がそのまま保存されたのですけれどね。能を貫く思想についてはほとんど研究されなかったと私は思っています。

やすい　そうすると梅原先生にすれば、今日こそ、原点である宗教思想に価値があるということですか。

梅　原　全くそういうことです。だから源氏物語千年紀が終わったのですが、結局『源氏物語』は貴族の文学だったと思います。それに対して能の観阿弥・世阿弥の文学は民衆の文学でして、大変な日本文化の遺産だと思います。だから能を研究しなければ、日本は分からないと思うのですが、これはまだ三年ぐらいはかかりますね。

やすい　能楽は観阿弥・世阿弥で終わりじゃないでしょう。

梅　原　ええ、観世元雅というのがこれがノヴァーリスみたいなとても哀しい、若い時に死なざるをえないようなすばらしい詩人だったと思います。

やすい　『弱法師《よろぼし》』というのが代表作で、父にいわれなき讒言《ざんげん》で捨てられた少年が、悲しみのあまり泣き過ぎて、盲目になって四天王寺で物乞いの僧になっていると、息子の無事を願いに願をかけにお参りに来た父にめぐり合うという話ですね。

梅　原　また禅竹は大いに研究する余地があります。能の作品もいいですが、能論がすばらしいです。すばらしい哲学者です。

やすい　『芭蕉《ばしょう》』という作品では芭蕉の精が女性の姿で僧を訪ねてきて、芭蕉も成仏できると語ります。天台本覚思想を見事に作品化しています。

梅　原　最後に能を歌舞伎に近づけたのは信光だと思います。『船弁慶《ふなべんけい》』がそうですし、『安宅《あたか》』は歌舞伎の「勧進帳」になります。この信光の影響を受けて、曽我ものとか、義経ものとかがつくられます。『道成寺《どうじょうじ》』みたいなすぐにも歌舞伎になる作品をもつくられます。こういうのも入れなければ能はあまりに陰気くさいものになります。能が歌舞伎の元になるような作品をも含むことによって、実に豊かな演劇となります。

やすい　能というのはこれまで全く私は縁がなかったのですが、まあ動きがこうゆったりしていましてね、我々がちょっと動きだけ表面的に観てみますと、これでは飽きられるのではないかなと思ってしまいますが、信光もやはりこんな地味な動きでは飽きられると思って改革しようとしたのでしょうね。

梅　原　やはり信光あたりは世阿弥流の深刻で暗い劇が多いので、これだけではちょっともたないと思ったのでしょう。それで観阿弥に戻っているのです。観阿弥の思想ほどは深くないけれど、動作は派手な歌舞伎に近い能を生み出しています。そこから歌舞伎が出てきました。そう考えるとよく分かるのです。

やすい　能と歌舞伎のつながりについての研究はあまりないのですか。

梅　原　ないことはないですよ。曽我十郎・五郎を扱った曽我物などは歌舞伎の最初の劇だったのです。もう一つは勧進帳とか義経を題材にしたのはすぐに歌舞伎につながります。

出雲神話とは何か

荒神谷遺跡三五八本の銅剣

梅　原　ところでね、また最近新しい仕事が生まれてきて困っているのです。国際日本文化センターをつくるときに世話になった、文部省の学術国際局学術情報課長だった西尾《にしお》理弘《まさひろ》出雲市長から、二〇〇八年十月に出雲で遺跡を見て講演するように頼まれたのです。荒神谷《こうじんだに》遺跡《いせき》があります。

そこでは三五八本の銅剣と銅鐸六個と銅矛十六本が出たのです。なにげない丘の中腹からそんなすごいものが出てきたのです。また加茂岩倉遺跡では三十九個の銅鐸が見つかったのです。

やすい　一挙にたくさん出ますと、それまでの歴史解釈が成り立たなくなりますね。

梅　原　そうなのです。今まで出雲というのは、考古学的な遺跡や遺物はないのじゃないか、出雲大社以外は何にもないという説が多くの歴史家の説であり、津田左右吉《つだそうきち》の説の影響もあって、戦後の歴史家は出雲神話に対して否定的だったのです。津田はそのフィクションは六世紀につくられた、私は八世紀につくられたと『神々の流竄《るざん》』に書いたのですが、出雲神話をフィクションと考える点で津田左右吉や多くの日本史家と同じ意見でした。それはあの壮大な出雲神話に似合う考古学的遺跡はないということが出雲神話をフィクションと決めつける主な根拠だったのです。それが見事に崩れたわけです。弥生時代の銅剣を日本全国全部合わせても三百本ほどでしたから、それを上回るものが一ヶ所から出てきたわけです。

やすい　出雲王国なんかなかったとはいえなくなったということですか。

梅　原　ちなみに「こんなにたくさん銅剣をもっている者を地方の豪族といえますか」と考古学者に訊ねてみたのです。そしたら「いえません」という答が返ってきたのです。そうするとそういうものをもっているのは王様しかないですよね。そういう眼でもう一度『古事記』を読み直す必要があります。やはり出雲に王国があったのだと思います。この出雲王朝の創始者は須佐之男《スサノヲ》ですが、彼は『日本書紀』の一書がいうように、朝鮮から来たのではないか、そして出雲を越の支配から解放したのではないのか、それがスサノヲの八岐大蛇《やまたのおろち》退治の話ではないかと思います。八束水臣津野命《ヤツカミズオミツノノミコト》の時代に斐伊川などの土砂が積もって、広大な出雲平野ができ、出雲の国の面積は拡大し、出雲は豊かな農業国になり、大国になりました。そしてこのヤツカミズオミツノノミコトの孫がオオクニヌシです。オオクニヌシは隣国の因幡《いなば》を手に入れ、さらに沼河比売《ヌナカワヒメ》の支配する越の翡翠《ひすい》王国を合併しました。越というのは新潟県にある翡翠によって豊かになった王国です。この越が元は出雲をはじめ日本海一帯を支配していたのです。そこに朝鮮系のスサノヲが乗り込んで、出雲を越の支配から解放したのです。そしてスサノヲの玄孫がヤツカミズオミツノですから、『出雲風土記』に出てくるヤツカミズオミツノノミコトのことです。それが『古事記』によると越後を占領してから大和に入って、大和を占領していたわけです。この『古事記』神話はどうも真実の歴史を反映しているのではないかと思われます。ずっと昔から伝えられている話で、やはり天皇家の祖先である天孫族の政権が、南九州からやってきて、大和を占領した、それ以前にオオクニヌシが支配していた出雲王国というものが存在したのではないか、と『古事記』は語っているのです。

やすい　出雲王国というようなものがあったとしますと、大和政権が前方後円墳の分布で広がりが推測されるような意味で、独特の墳丘の形などが見出せるのですか。

梅原　それがね、四隅に脚があるような四隅突出型墳丘墓がたくさん出てきたのです。その分布はだいたい山陰、北陸に限るのです。しかも前方後円墳に先行しているのです。ちょうど出雲王国が滅びた頃に、できたと思われます。そうするとやはり神話と遺跡は相即しているわけで、だから神話を見直さなければならないのではないかというのが、今の私の問題意識なのです。
やすい　ということは『古事記』は『古事記』が書かれた八世紀の歴史を物語るという解釈だけでは一面的だということですね。

宣長の国粋主義と津田の凡人史観

梅　原　今本居宣長の『古事記伝』と津田左右吉のものを一所懸命読んでいますが、結論だけいいますと、本居宣長も津田左右吉も本当のことは分かっていないということです。特に津田左右吉に対しては厳しい批判をせざるをえないのです。
やすい　ほお、どういうところが分かっていないのですか。
梅　原　本居宣長は『古事記』と『日本書紀』の差を大変強調します。『日本書紀』は信用できないというのです、というのは漢文で書いてあるからです。それで和文で書いてあるから『古事記』は信用できるとします。そして古い古い伝承を天武天皇が語った。つまり『古事記』は天武天皇が語った日本の古い物語だという考え方なのです。本居宣長は勅語《ちょくご》という言葉をそのままとり、『古事記』は天武天皇が、御語りになったものだとします。それが本居宣長の説です。今《こん》日《にち》それをそのまま信ずる人はありません。勅語は『古事記』の権威づけなのです。二人の天皇の勅語によって『古事記』は選せられているので、その内容は真実だという権威づけです。

本居宣長は古典をものすごく読んでいます。空前絶後でしょうね、『源氏物語』など全部暗誦していると思いますよ。それぐらい国文学者として優れているところと、もう一つイデオローグとして外国のものはみんなだめだ、日本のものだけがよいという偏見があって、そういう視点からのみ『古事記』と『日本書紀』の違いを見ます。

しかし『古事記』と『日本書紀』の違いは、『古事記』の秘密を解く鍵を与えます。『古事記』には最初天御中主《アメノミナカヌシ》の神、高御産巣日《タカミムスビ》の神、神産巣日《カミムスビ》の神という別天《ことあま》つ神《かみ》三神が出現し、独神《ひとりがみ》として身を隠します。ところがこの身を隠したはずのタカミムスビが天孫降臨の時に、邇々芸命《ニニギノミコト》の外祖父として出てきて、天照《アマテラス》以上に天孫降臨の命令者になります。またその子の思金《オモイカネ》がアマテラスの岩戸隠れ、天孫降臨などの天孫族の危機に妙案を立てて、天孫族を救います。『古事記』では外祖父のタカミムスビとその子オモイカネがアマテラス王朝の実権者の観を呈します。ところが『日本書紀』では、この別天つ神三神が全く出現していません。これは『古事記』のようにタカミムスビが独神として身を隠したのに、天孫降臨のところで外祖父として天孫降臨の実行者にするという不自然を避けたのでしょう。あんなに不比等《ふひと》を思い出させるようなオモイカネは『古事記』ほど活躍しません。その代わりにそしてタカミムスビをオオクニヌシの国づくりを助ける少彦名《スクナヒコナ》の父として登場させ、『古事記』以上に天孫降臨の実行者とします。そして因幡《イナバ》の白兎《シロウサギ》などオオクニヌシの神話をほとんどのせていません。このような違いに、本居宣長は全く気づいていません。

やすい　では津田左右吉はどういうところがだめですか。

梅　原　本居宣長の国粋主義はおかしい、「三種の神器」などは日本の「国体の精華」だというけれど、できたのはもっと新しいのだと津田はいいます。日本神話そのものは結局、皇室を神聖化するために、六世紀末にできたフィクションに過ぎないといっています。こういう宣長説の批判は確かに当たっているところがありますが、だけど皇室の祖先が南九州から出てきたという説話は全部嘘だというのです。「日向」という言葉だけで、アマテラスオオミカミは高天原の人だとあったから、日の神だから、孫のニニギの降臨の地を「日向」ということにしたに違いないというのです。こういう理由のみで日向を天孫降臨の地であるとし、日向神話は全く偽造されたものであるという説です。そしてこのような歴史上の偽造が、六世紀後半たぶん欽明《きんめい》天皇の御世《みよ》に行われたと津田はいいます。津田左右吉は天皇の祖先はずっと前から大和にいたと考えているので、六世紀の欽明天皇の時にわざわざ偽の歴史をつくったということになるのです。そんなことが行われたかどうか、そんな大規模な歴史偽造が六世紀に行われたかどうか、そんな形跡はどこにもありませんよ。

やすい　『日本書紀』には欽明天皇の時代に歴史書の編纂があったということは書かれていませんよね。

梅　原　欽明天皇の時は外交が忙しくて、内政も崇仏派と反崇仏派の対立がありまして、そんなことをする余裕はないのです。歴史編纂があれば、どっかに出るものです。津田左右吉は証拠はないといっていろいろ『古事記』を批判しますが、彼の説には文献的証拠はゼロなのです。だから六世紀偽造説なんて全く津田左右吉の頭の中で考えられたことに過ぎないのです。『古事記』や『日本書紀』は妄想だといいながら、自分の説の方がよっぽど妄想で、その自分の妄想については全然批判していないのです。津田左右吉の史観というのは大正の凡人主義史観なのです。

やすい　凡人主義史観というのは英雄的、超人的な伝承なんか信用できないという立場ですか。

梅　原　彼の日本文学の研究がありますけれど、私はそれを読みました。要するに理解できないのです。『源氏物語』もよく分からないし、禅もよく分からないし、芭蕉もよく分からない、それらはみんなアウトなのです。唯一彼が分かったのが一茶です。それは凡人主義だからです。結局凡人主義の立場で日本文学を論じたのです。これはものすごい大部の本だけれど、私は全然同感できません。凡人主義で歴史を見ますと神様なんておかしいじゃないか、それは皆嘘だということになります。彼の主張は日本国は凡人主義で日本神話を全部批判して、それで戦争によってできたのではなくて、村が平和的に合体して国ができたという、それこそ空想です。やはり村が簡単に集まって国ができるようなものではないですよ。血腥《ちなまぐさ》い戦争があって国ができたわけです。

遺跡を訪ねようとしない津田左右吉

やすい　実際問題遺跡からも出土していますね、刀傷のある鎧や骸骨とかが。

梅　原　考古学は信用できないといって全く考古学的な遺跡を訪ねてないのです。日向にいろいろな日向神話の遺跡がありますが、なぜあるかは、やはり『日本書紀』の記事をある程度事実と見なくては説明できません。本居宣長はまだ民俗的な話をあちこちから聞こうとしているのですが、津田左右吉は一切聞こうとしませんし、現場へ行ってみることも全くしないのです。天孫降臨の地高千穂がどこだったかは二説ありますが、行ってみると宮崎県の西臼杵郡の高千穂が本物だと分かります。薩摩に近い霧島山も高千穂と呼ばれるのですが、それは全くの山があるだけで稲作農業など全くできません。薩摩の勤皇の志士たちは薩摩に近いから霧島山の方を高千穂としたのです。津田左右吉は何の疑いもなしにこっちの方を高千穂としています。

やすい　「百聞は一見にしかず」といいますね。

梅　原　津田左右吉は行ってみないのです。レヴィ＝ストロースはちゃんとそこへ行って、「日向神話の説く場所が実に印象深く、また美しかったものだから、その話はあるいは事実ではないのか」といっていますが、レヴィ＝ストロースの方がずっと学問的良心的で、そして勘も鋭いのです。津田左右吉は文献だけです。しかも懐疑主義です。全部否定します。『旧辞《きゅうじ》』はだいたい欽明天皇のもとでできたといっているのです。そんな証拠は全然ありません。皇国史観を批判したのが、津田しかいなかったので、戦後の左翼の歴史家はみんな津田に肩入れしてましてね、私が最初に津田を批判した時には、歴史家は一斉に、津田は歴史学の良心だ、津田を批判する梅原は反動史学だ、皇国史観だというのです。全然違っています。

やすい　梅原古代学の意味が分かっていないのですね。

梅　原　今はだいたいマルクス主義を信じていませんから、最近は多くの歴史学者は津田史学をおかしいのではないかと思い始めましたが、まだ津田説を根本的に批判する人はいませんから、今度の『出雲王国は実在した』は津田説に対する徹底的な批判になります。

藤原不比等と歴史の偽造

やすい　七世紀末から八世紀にかけて歴史編纂をした際に、いろいろと歴史の偽造があったということと、でも『古事記』『日本書紀』は白紙から書かれたのではなく、伝承や推古朝の頃からの先行する歴史書にもとづいていて、大和政権の成立やそれ以前の歴史を反映している面もあるということで、この両面を念頭においておかないとだめでしょうね。

梅　原　結局藤原不比等というのは大変な人物で、彼は聖徳太子によって始められた律令制社会をつくることを完成させました。律令制は、律令の制定、都城の建設と歴史書の編纂を三大事業とします。やはり歴史書の編纂と律令の制定はつながっているのです。律令も中国の律令は皇帝を権力の中心におく律令です。それに対して日本の律令は太政官を権力の中心におく律令なのです。天皇の権力は小さくなっているのです。太政官を藤原氏が占めていますので、藤原氏が独裁権力を振るうのに都合がよい律令なのです。『日本書紀』の編纂に藤原不比等がかかわっていることは、優れた古代史家の上田正昭さんも認めていることです。私は『古事記』も不比等の手になると思っているのですが、『古事記』の神代史は律令と同じく表面的には天皇家の祖先であるアマテラスの支配する国ですが実際の支配者は外祖父のタカミムスビやその子のオモイカネのように見受けられます。つまり外祖父タカミムスビやその息子オモイカネノミコトが天皇の名の下に支配しています。『日本書紀』では少し遠慮してオモイカネはあまり活躍させませんが、それでも天孫降臨は主としてタカミムスビの外祖父政治の命令です。それで藤原氏に有利にするために歴史書を書き変えたのですね。あきらかに歴史の偽造ですよ。

やすい　藤原氏の祖先神を持ち上げているのでしょう。

梅原　タカミムスビノカミは『古事記』によると独神になって身を隠したはずなのに、また出てきていろいろ活躍するのですよ。まず出てくるのはアマテラスオオミカミが天岩屋戸に隠れた際です。その時はタカミムスビの子供のオモイカネノミコトがいろいろ策を考えます。それからもう一つは天孫降臨の際に、命令するのは、アマテラスよりはタカミムスビなのです。タカミムスビの娘の豊秋津師比売《トヨアキツシヒメ》とアマテラスオオミカミの子忍穂耳命《オシホミミノミコト》との間にできたのが邇邇芸命《ニニギノミコト》ですからタカミムスビは外祖父なのです。身を隠したはずのタカミムスビが天孫降臨の命令者です。藤原不比等がどうしても即位させたかったのが首皇子《おびとのみこ》のちの聖武天皇ですね。不比等は首皇子の外祖父なのです。だから天皇を称《たた》えているようですが、実は外祖父政治を称えているのです。不比等の外祖父政治は、持統天皇、元明《げんめい》天皇の孫を天皇にしたいという強い願望によって、成立しています。このような女系上皇の私的願望を不比等は実に巧に利用し、外祖父政治を合理化します。そういう女性上皇の願望と不比等の野心が『古事記』『日本書紀』の神話に反映されています。

やすい　オオクニヌシノミコトに国譲りさせる時もタカミムスビノカミとオモイカネノカミが命令していますね。

梅　原　ええ、それにオオクニヌシノミコトが引退させられた際の交渉の役は『日本書紀』の本文では武甕槌命《タケミカヅチノミコト》と経津主命《フツヌシノミコト》です。その際フツヌシノミコトが中心になるのだけれど、『古事記』では建御雷命《タケミカヅチノミコト》の一人なのですよ。タケミカヅチノミコトは藤原氏が鹿島神宮に祀って、フツヌシノミコトも鹿取神宮に祀っているのです。みんな藤原氏が自分の祖先神に取り入れているのです。フツヌシノミコトは物部氏の祖先神のようですが、それを藤原氏が自家の祖先神にしたのです。こうして自分の祖先神が国譲りの最高の殊勲者であったことにしたのです。しかも神事の事を行うのは間違いなく藤原氏の祖先神である天児屋命《アメノコヤネノミコト》が中心なのです。

やすい　アマテラスオオミカミを天岩屋戸から出すのに鏡を差し出した神ですね。

梅　原　その際太玉命《フトタメノミコト》も活躍しているのです。フトタメノミコトは阿波に本拠があった斎部《いむべ》（忌部）氏の祖先神ですが、記紀では、アメノコヤネノミコトの家来のような扱いなのです。それは全く違うというのが斎部広成《ひろなり》が書いた『古語拾遺』の主張なのです。文句つけているのです。広成ははっきりとはいわないけれど、神事は昔はほとんど斎部氏がやってきたのだと主張しています。それが歪められている、持統天皇の御世ぐらいから全く忌部氏が排斥されていると嘆いて、抗議しているのです。元々は、忌部氏が中心になって神事をやってきたので、中臣氏が亀卜《きぼく》でもって登場し、神事の主宰者になったのは、推古《すいこ》天皇ぐらいからでしょう。だから天岩屋戸でアメノコヤネノミコトが中心になって神事をするのもの全くの歴史偽造だと広成はいいたいのでしょう。権力を握っているのは藤原氏ですから、忌部氏は全くネグレクトされて国家の祭司から全く追い出されてしまったのです。広成は思いあまって抗議するのですが、この抗議を受け取る権力者が藤原氏なのですから、それが受け入れられるはずはありません。

やすい　排斥された豪族では物部《もののべ》氏が重要ですね。

出雲王国のシンボル銅鐸は鈴だった

梅　原　『先代舊事本紀《せんだいくじほんぎ》』というのがありますが、これは物部氏が自分たちが昔から天皇家に仕えてきたのだ、自分たちをどうして無視するのかという抗議です。『古事記』や『日本書紀』は藤原氏の立場で書かれていて、歴史を歪めていると抗議しているのです。『先代舊事本紀』は聖徳太子がつくったということになっていますが、それはただの伝承だと退けられ、今まで研究もあまり行っていませんが、私はそこには隠された歴史の真実の記載が数多く含まれていると思います。歴史の偽造は藤原氏の神が活躍するところだけです。残りの『古事記』の記事は昔からの伝承を語ったものだと思われます。『古事記』は出雲王国が北陸を含む西日本を支配したといっているのです。大和にはたくさん神社がありますが、その多くは出雲系なのです。だから出雲王国があったとしか思えないのです。

やすい　それじゃあ、出雲王国は出雲が本拠だけど版図は北陸、信濃、畿内、山陰、瀬戸内ですか、九州は入りませんね。

梅　原　ええ、そうです。それから銅鐸の問題があります。これは考古学から明らかになっているのですが、銅鐸ははじめのうちは出雲が中心なのです。あれはもともと馬の頸《くび》につけていた鈴なのです。四期に分かれまして、一期は数が少ないのでよく分かりませんが、二期はほとんど出雲中心なのです。三期は『古事記』にオオクニヌシノミコトが支配したとされている地域に広がるのです。そして最後になったら突然銅鐸が出雲からなくなるのです。四期は、それがどういうわけか畿内と東海でまたつくられるのです。はじめはこんな小さいものだったのが、権力が大きくなるに連れてどんどん大きくなっていくのです。大きくなりますと、はじめは鈴の機能があったのが、鈴の機能は失われていきます。だから考古学者によりますと、聴く銅鐸から見る銅鐸に変わったというのです。

やすい　元々、鈴に何か宗教的な機能があったのですか。

梅　原　鈴というのは非常に神聖なものです。翁能でも三番叟《さんばそう》は鈴を鳴らして舞います。

やすい　ああ、あれですね、千歳が「さあらば鈴を参らせう」といって、鈴を渡して、三番が

「あらやうがましや候」と鈴を受け取って舞うのですね。あれは実は、私の祖母が口癖で「さあらばすーろまいらそか」といっていたのです。「すーろ」というのは「すずろ」で「ぼちぼち」という意味で、「さあぼちぼち始めましょう」というような意味でいっていたと思っていたのですが、『うつぼ舟I　翁と河勝』で出てきて、元の本当の意味が分かって、感動しました。

梅　原　お遍路《へんろ》さんが鈴をもって八十八ヶ所参りなどします。私の故郷は愛知県内海町ですが、新四国八十八ヶ所参りというものがありまして、私も子供の頃鈴の音が聞こえてくると春になったという思いをもったものです。鈴というものは、何か霊的なものとして日本人の心に響いていた。やはり出雲王朝の精神的シンボルは銅鐸で、それは鈴だったのです。だから考古学でも出雲王朝の存在を説明できるような気がしてきています。

やすい　イメージ的に出雲王朝が、視覚的に四隅突出型墳丘墓、聴覚的に銅鐸という形で見えてきますね。

出雲王国論と梅原猛批判

梅　原　銅鐸が巨大になりますと、鈴の役目をしなくなります。何か出雲王朝の運命を象徴しているような気がします。

やすい　大きくなり過ぎて本領を発揮できなくなり崩壊したということですね。ところで出雲王国はスサノヲが建国して、オオクニヌシノミコトの時代に滅んだということですか。

梅　原　ええ、そういうことになりますね。

やすい　でも、先生のスーパー歌舞伎の戯曲『オオクニヌシ』によりますと、大和からやってきたオオナムチが、イナバノシロウサギにあって、ヤガミヒメと結婚してとなっていましたよ。

梅　原　そりゃあ、だめです。根本的に間違っていたのです。だから今度の『出雲王国は実在した』は、まず本居宣長批判、次に津田左右吉批判、そしてその次に梅原猛批判にする予定です。

（笑い）

やすい　残念ですね、それにしても。でもね、建国というのを考えますとやはり、オオクニヌシがやってきて、イナバノシロウサギとめぐり合ったのでないと、話が合わないのじゃないでしょうか。

梅　原　イナバノシロウサギの話は、オオクニヌシノミコトの出雲国が大きくなって、因幡を征服しようとしたとした話だと思いますね。やすいさんの『梅原猛　聖徳太子の夢』で平和主義者としてオオクニヌシノミコトをほめられたので、これは困ったと思いましたね。因幡を征服して、それから越の国、つまり新潟県の翡翠《ひすい》王国まで征服します。ヌナカワヒメとの相聞歌の話ですが、津田左右吉は恋愛の歌だと見ていますが、そうじゃないです。あれはヌナカワヒメを強姦してその王国を征服した話です。

やすい　翡翠が目当てで征服したのですか。

梅　原　越後に行きますとそういう話がいっぱい出てくるのです。やはり翡翠王国というのは富をもっているのです。その翡翠王国を征服したのです。ヌナカワヒメの話すなわち黒媛《クロヒメ》の悲劇は北陸一円に伝承されています。ヌナカワヒメはオオクニヌシノミコトと結婚して子をもうけますが、捨てられて殺されたとか、自殺したという伝承が残っています。

やすい　先生の『オオクニヌシ』のお話だと八上比売《ヤガミヒメ》ともヌナカワヒメともオオクニヌシノミコトはすごく愛し合っていてうまくいっていたようでしたが。

梅　原　私も『日本の霊性――越後・佐渡を歩く』(佼成出版社、二〇〇四年)を書いた時、越後へ行き、ヌナカワヒメのうらみの話が、北陸のみかあちこちに残っていて驚きました。あれは書き直さなければならないのです。ほめられたら困るのです。

やすい　そうですか、残念ですね。

梅　原　まあこれは今年中にやらなければならない仕事でして、今一所懸命やっているのです。『古事記』『日本書紀』だけでなく、本居宣長の『古事記伝』を読みました。そして今斎部広成の『古語拾遺』も読んでいます。また『先代舊事本紀』を読んでいます。

やすい　出雲王国と、国譲りの経過と、高千穂宮政権の形成の歴史、そして神武東征から神武による大和政権の樹立の経過という日本の歴史を、記紀をテキストにしながらも藤原氏による改作の内容を見極めて、歴史の原像に迫ろうということですね。

レヴィ＝ストロースと銀鏡神楽

梅　原　私の古代学の内容を書き直さなければならないという気持ちになったのは、レヴィ＝ストロースを、国際日本文化研究センターの最初の国際集会の基調講演の講師に招いた際です。そこでレヴィ＝ストロースが日向神話に強い関心をもっていることを知ったのです。日本人は日本神話はフィクションだという津田左右吉の説をとっていましたので、日向神話に関心もつ人なんかだれもいなかったのです。私はレヴィ＝ストロースのいうことですからひょっとしたら正しいのではないかと思いまして、行って調べてみましたら、神話の跡が残っているのですよ。やすい　神話に合うように神話の跡をつくったとは考えられませんか。

梅　原　神話で語られる話がそのまま残っているのだったら、後からつくられたことも考えられるのですが、そうじゃなくて間接的にです。一つは銀鏡神楽《しろみかぐら》です。これは日本で有数の優れた神楽です。銀鏡というのは鏡です。このような話の源は岩長姫《イワナガヒメ》の話です。それも『古事記』に直接は語られませんが、間接的に古事記神話を裏づけるものです。

私は能を怨霊鎮魂の劇と論じましたが、能の本となった神楽も怨霊鎮魂の劇だったのです。大山祇命《オオヤマツミノミコト》は彼の娘、木花之開耶姫《コノハナサクヤヒメ》と岩長姫（磐永姫）の姉妹をニニギノミコトに差し出したのですが、姉のイワナガヒメは不器量だからといって返されました。美しい妹のコノハナサクヤヒメだけが入れられて、皇子を産んだのです。

記紀にはそれだけしか出てないのですが、その神話を裏づける記紀に話される伝承が「水取り」という曲に残っているのです。自分はいかにも不器量であることが分かって絶望して自殺したのです。鏡を見て不器量だということを痛感して自殺する話は壬生狂言《みぶきょうげん》で曲になっています。自分の夫を若い女にとられて、夫を連れ戻しに行くのだけれど、夫は若い女のところから帰ってこない、それで鏡を見て自分の不器量さに悲観して自殺するという話は、あちこちに伝わっているのです。

レヴィ＝ストロースがどれだけ『古事記』や『日本書紀』を読んでいるか、『日本書紀』は読んでいないと思いますが、そういうレヴィ＝ストロースの直感は正しいのじゃないかと思ってフィールドワークをしまして、これが正しいと思い、『天皇家の〝ふるさと〟日向をゆく』（新潮社、二〇〇〇年）を書いたのです。

やすい　なるほど日向神話も事実かもしれないということなら出雲神話もということですか。

梅原　そう思って、出雲神話をフィクションとする私の説は間違っているのではないか、出雲神話についても書き直さなければならない、また考古学的な遺跡が出たという話を聞いたのでいっそう出雲神話を見直さなければならないと思ったのです。私の説は多くの歴史家の説と同じ間違いをしているので、出雲神話について根本的に書き改めなければならないと思ったのです。そして昨年出雲に行ってみまして、すばらしい荒神谷遺跡などの遺跡を見て、いっそうそのような仕事をしなければ私は死なないと思ったのです。

天照大神が女性になったのは持統天皇からか

やすい　日本神話ではアマテラスオオミカミの位置づけが一番キーになると思いますね。といいますのが、先生が『隠された十字架』で論じられていた時には持統天皇の時代からアマテラスオオミカミになったのではないかと論じておられました。七世紀末から八世紀はじめの情勢が『古事記』の内容にも絡んでいるとされていました。それでいきますと、持統天皇が自分の孫に皇位を継承させるために、主神を女神にしたということになるでしょう。神話が歴史に近いのではないかという視点での再検討ということになりますと、何世紀ぐらいに主神がアマテラスオオミカミになったのかということも問題になってくると思うのですが。

梅　原　アマテラスオオミカミが女性になったのはやっぱり持統天皇からじゃないでしょうか。アマテラスオオミカミは持統天皇であり、元明天皇でもあるのです。両義性をもっているのです。

やすい　推古天皇ということは考えられないのですか。

梅　原　推古天皇は孫を天皇にするという願望をもっていませんからね。

やすい　卑弥呼がね、「日の巫女《みこ》」でしょう。だからそれがアマテラスオオミカミのモデルではないかという説もあります。その場合に男が太陽神だという可能性も考えられますから、それは饒速日命の場合です。彼は物部氏の祖先ですね。そうしますと太陽神が主神だった時期は途中からで、物部氏がまだ勢力が強かった時代は、太陽神はまだ主神ではなくて、北極星の天御中《アメノミナカ》主命《ヌシノミコト》や高木神《タカギノカミ》であるタカミムスビノカミが中心的だった時期があったとも考えられますね。

梅　原　そりゃあちょっと分からないですね。オオクニヌシノミコト政権から神武《じんむ》政権に移る時にその中間に物部氏政権があったかどうかということは問題ですけれどね。ちょっとそういうことは私には不明のところですね。記紀はそういうことについてはあまり書いていないのです。

やすい　北極星のアメノミナカヌシノミコトもタカミムスビノミコトもあまりにも簡単に隠れてしまうでしょう。それはかえって怪しいなあと思うのですが。だってあのエジプトの神話でも北極星信仰中心から太陽神信仰中心に変わるでしょう。北極星信仰というのは海洋民族だったりした場合に重要だったので、案外朝鮮半島だったり、壱岐対馬のあたりに本拠があった場合、天孫族は最初はアメノミナカヌシノミコトが主神で、物部氏が勢いがなくなってから主神を太陽神に変えてしまったことも考えられませんか。

梅　原　それはちょっと分からないところですがね、『古事記』によりますと、神武政権の前にはオオクニヌシノミコト政権だとなっていますが、その間に物部氏政権が入っていることは、十分考えられます。

やすい　生駒山の西麓から大和に進出して三輪山の西麓までの地域に限定すれば、地域的には考えられますね。

梅　原　考えられるけれど、期間としては大変短いのではないかと思われます。それはどうしてかといいますと、出雲神話でオオクニヌシノミコトを武力で追い込んだのは『古事記』ではタケミカヅチノカミでしょう、『古事記』は秘密の書という意味で秘書なのです。『古事記』は藤原氏が政権を執ろうとして、歴史を偽造する計画の書でもあるのです。『日本書紀』になると国書として人前に出さなくてはならないので、ちょっと遠慮しているのです。ですから国譲りをさせたのは『古事記』ではタケミカヅチノカミになっていますが、『日本書紀』ではフツヌシノカミとタケミカヅチノカミの二神になっています。フツヌシノミコトは物部氏の祖先神フツノミコトを思い出させます。国譲りの功績を立てたのはもっぱら物部氏の祖先のフツヌシノカミであったかもしれません。そうするとオオクニヌシノミコト政権を滅びに追い込んだのは物部氏ということになります。それを後に藤原氏の祖先神と祀られる由来の怪しいタケミカヅチノカミとしたのかもしれません。そしてフツヌシノミコトも自分の祖先神に取り入れて春日神社に祀ります。

やすい　話を確定するのは難しいでしょうね。

梅　原　歴史の偽造というのはすごいことですよ。藤原鎌足というのは革命家としてレーニン以上だったかもしれません。不比等というのは歴史の偽造をした大天才です。あんな頭のいい人間は後の政治家にはいませんね。

藤原不比等の実父は天智天皇か

やすい　ところで『大鏡』によりますと、藤原不比等という人物は出生の謎がありますね。、天智天皇の女御を鎌足は天皇より賜ったのですが、その女御は既に懐妊していたというのです。それで生まれてくる子が男子なら鎌足の子にし、女子なれば天智天皇が引き取るといって、生まれたのが男子だったので鎌足が育てそれが不比等だといわれています。

梅　原　これは『元亨釈書《げんこうしゃくしょ》』にある話ですが、孝徳《こうとく》天皇に一人の妃を鎌足に賜り、彼の夫人にしたのだけれど、その際妊娠していたので男子だったら鎌足の子、女子だったら天皇の皇女にすることにして生まれたのが男子で鎌足の長男の僧になった定恵《じょうえ》です。そんな同じような話が二度あるのはおかしいので、不比等の方はその誤伝じゃないかという気がします。しかしそういうことも十分考えられます。

やすい　もしも不比等が天智天皇の息子だったら、持統天皇と姉弟ということになりますね。とすると不比等が持統天皇に重んじられたという理由が分かります。元々藤原氏は壬申の乱の時に弱い立場になったでしょう。ですから権力を回復するにはかなり時間がかかるところが、案外持統天皇が不比等を取り立てて、しかも藤原京という都の名前に使っているわけです。あれは「藤井が原」から由来するらしいのですが、都を藤原氏と同じ名前にするのはよほど不比等に親近感がなかったらできませんよね。

藤原氏の独裁と神々の流竄

梅　原　そこまで私ははっきりいえませんが、確かに不思議な人間ですね。稗田阿礼《ひえだのあれ》は藤原不比等だというのが私の主張です。

この稗田阿礼を身分の低い人間とする通説は全く間違っていると思います。『古事記』には舎人《とねり》で歳は二十八歳で、大変聡明であったと書かれています。そして稗田という姓が猿女《さるめ》氏の出身だといわれていますが、猿女氏は大変低い身分です。それで稗田阿礼は、そのような貧乏生まれの猿女氏出身の取るに足らない身分の人であったことになります。平田篤胤《ひらたあつたね》は、また阿礼を語部で女性だったとし、柳田国男がそれに賛成しています。

大宝令では勅語を賜わるのは五位以上という規定がありますので天皇から勅語を賜った稗田阿礼は五位以上であると考えられます。阿礼が取るに足りない身分の猿女氏出自であるとすれば、勅語を賜わることは絶対にありません。また正三位の太安万侶《おおのやすまろ》がそんな取るに足らない猿女氏出自の稗田阿礼や女性の語部である稗田阿礼を天皇に対して口を極めてほめるようなことはありません。太安万侶が口を極めて阿礼をほめるのは、阿礼が天皇のお気に入りの高官であったからです。

ここで舎人《とねり》というのは内舎人《うどねり》です。内舎人は時の高官の子弟で最初になる職です。不比等の長男武智麻呂《むちまろ》の家臣は、それに不満であったらしいのですが、不比等はあえて武智麻呂に内舎人の役をやらせたのです。不比等は武智麻呂を父と同じコースで出世させようとしたに違いありません。また武智麻呂の長男の豊成《とよなり》も内舎人から仕官を始めています。藤原氏の嫡男は代々内舎人から宮仕えを始めるという習慣があったのでしょう。

やすい　なるほど二十八歳で舎人なら高官の子弟なので身分の高い家柄だということですね。

梅　原　稗田阿礼は天武天皇から『帝紀』および『旧辞』の誦習《しょうしゅう》を命ぜられたのです。誦習は暗誦ではありません。『古事記』も漢文と和文のチャンポンで書かれていますので、それを読むことはむつかしい。それも天武天皇からそれを間違いなく読むことを命ぜられたのです。天武十（六八一）年に川島皇子らに歴史の編集を命ぜられたことが『日本書紀』にあります。すでに歴史の編集が行われていた、『原古事記』のようなものができていたのかもしれません。阿礼はそれを正しく読むことを天武天皇から命ぜられたのです。また歴史書の『古事記』をつくることを和銅四（七一一）年九月十八日に元明天皇から太安万侶が命ぜられたのです。そしてその稗田阿礼が誦習したものを太安万侶が書き留めて『古事記』ができたのは翌年の一月です。わずか四ヶ月と十日ほどで『古事記』はできたのです。多くの『帝紀』および『旧辞』などと比較して、新しい歴史書をつくることがわずか四ヶ月と十日ほどでできるでしょうか、これはむつかしいですね。とするとすでにほとんどできていたものを稗田阿礼が書き直し、それを口述して、太安万侶が筆記したに違いありません。

やすい　ということは稗田阿礼の誦習したものを太安万侶が大幅に訂正することはできなかったということですね。

梅　原　私は稗田阿礼は、二度も天皇自らの御言葉によって『古事記』の編集を命ぜられたのでそういう人間が、猿女氏であったり、語部であったりするはずはないと思います。

それに稗田阿礼は二十八歳であります。不比等は天武天皇がなくなった天武十五（六八六）年にちょうど二十八歳でした。歴史の編集が始まってから五年経っています。すでにできかかっていたのを、不比等に誦習させたかもしれません。しかしそういうことが実際あったかどうかは分かりません。しかし天武天皇の命があったと稗田阿礼は強く主張しています。つまり二度天皇の命でこの『古事記』をつくった、そうまでしたという権威づけが一つは重要なのです。そして稗田阿礼を口を極めてその聡明をほめたと伝えられています。序は表であるといわれています。天皇に捧げたものです。

考えてもごらんなさい。この神話の書には諸氏の出自と功績のことが書かれています。ここで祖先が天皇家の敵であったり、全く功績がなかったと書かれたら、その氏族が致命的な打撃を受けます。反対に大きな功績があったと書かれたら立身出世が約束されるでしょう。稗田阿礼はそういう氏族の命運を左右する歴史をつくる大権力者なのです。そういう人間が猿女氏や女性の語部であるはずはありません。それも元明天皇に極めて近い権力者に違いありません。そういう人間は元明天皇に極めて近い権力者の藤原不比等しかありません。『古事記』は既に書かれていた物語に神話の部分だけ偽造したものに違いありません。そしてその作者が不比等であると見られるのがまずいので、稗田阿礼というペンネームを使ったのでしょう。彼はあたかも低い身分の人間のように見せかけて、稗田阿礼は貧乏人の生まれであるとしたのです。このような策謀にまんまと本居宣長も平田篤胤も柳田国男さえだまされたわけです。

やすい　歴史をつくるということが権力なのですね。

梅　原　歴史の偽造ですね。やっぱり『古事記』は不比等が語ったのだと思いますね。不比等と元明天皇は一心同体です。

やすい　その一心同体ということは寵愛と関係あるのですか。その相手と性的な関係にあったということですか。

梅　原　あったかもしれませんね。元明天皇は未亡人だった。当時の道徳の観念では未亡人が男性と関係することなどスキャンダルにならなかったのでしょう。平城京遷都を行ったのは和銅三(七一〇)年ですが、その時代は道に落ちたものも拾わなかったといわれます。これはもう強力な独裁政権です。『古事記』は秘書(秘密の書)なのですから、それを手本にしてつくったのが『日本書紀』です。だから宣長のいうように『古事記』と『日本書紀』はうんと違うというわけではないのです。『日本書紀』は『古事記』のイデオロギーをだいたい継承しています。『古事記』は宮廷の秘書なので、だれも読めなかったのでしょう。だから『古語拾遺』などを読んでみても『古事記』を読んでないことが分かります。やはり知られたのは相当後になってからなのでしょう。

やすい　歴史書というのは権力者の都合のよいように偽造されているにしては、天皇家の祖先によって国を奪われたはずのオオクニヌシノミコトを平和で豊かな国づくりをした名君みたいに立派に描いていますね、必ずしも権力者に都合よく書かれていないのではないのですか。

梅　原　オオクニヌシノミコトがあんなにクローズアップされたのは、伊勢の大神のもとに藤原氏の祖先神である春日の神が支配する神の体系をつくろうとしたのです。それに反対する者は、流罪になります。それで神々を流罪にしたのです。だから大和にも出雲系の神々がたくさんいる、それを全部出雲に流したのです。

どうして出雲に神々を流竄したのか

やすい　どうして出雲に流すのですか、そんなことをすると出雲に反乱を起こされませんか。

梅　原　それはどうして出雲が選ばれたかといいますと、明らかに出雲政権は、元々出雲が発生地だからです。そこへ神々を戻したわけですね。不比等は政治と共に宗教を押さえねば藤原政権の末永い維持はありえないと考えたのです。そして不比等の子孫以外の藤原氏を元の中臣氏に戻し、中臣氏に神道の支配を任せたのです。藤原氏そして中臣氏がもっとも尊崇する神は都の東にある春日大社の神です。伊勢神宮は天皇の祖先神ですが、遠いからいざという時に天照大神はかけつけることはできません。春日の神がもっとも日本を守る神になるのです。

これはすごい政治家ですね。こんなのがいたらもうオバマと対抗できますね。（笑い）日本の麻生首相も不比等の爪の垢ぐらい煎じて飲んだほうがいいですね。まあすごい天才でちょっと日本に類のない政治家ですね、鎌足・不比等の親子は。ですからオオクニヌシノミコトを大事にするということは、反体制の神様を全部出雲に流した自分の政権を安泰にするという意味をもっているのです。だから『出雲風土記』というのを読みますと、やはり出雲は怖いのです。出雲は軍事国家みたいなものです。反乱が起こってもすぐに対処できるように国ができています。よっぽど出雲の神様が怖いのでしょう、祟ってくるのですよね。例のオオモノヌシが崇神天皇の時に祟ったり、垂仁天皇の時に出雲大神が祟っています。誉津別皇子が口が利けなかったのですが、それは出雲大神の祟りで、出雲に新しい宮を建てたら治ったということです。

だから大和の政権には出雲政権に対する恐怖があります。きちんと祀らなかったらどんな祟りがあるかも分からないという。またそれの恐怖は自分たちに逆らったら全部出雲に流す藤原政権の恐怖と二重写しになっていると私は捉えています。

やすい　大和の藤原権力に逆らったら出雲に流されて、出雲に行ったら恐ろしい祟り神がいるということですか。

出雲王国の次は饒速日命の物部王国か

梅　原　だからあんなところにあんな大きな神社を建てるのはおかしいですよ。今の神社を見ても思います。創建された時は今の倍近くの大きさだったのですからね。これはやはり天津神が築いたと『出雲風土記』にありますからね。この出雲王国が出現した過程が『出雲風土記』に書かれているのです。そしてそれが崩壊する過程が『播磨風土記』にあるのです。『播磨風土記』にはオオクニヌシ親子が喧嘩したとかという話があります。でもどうして崩壊したのかよく分かりません。あるいは谷川健一さんの説のように、物部政権が崩壊させたのか、神武政権が崩壊させたのかそれはよく分かりません。むしろ物部政権であったとした方が話は通じるような気がしますね。やすい　物部政権というのは、ニギハヤヒノミコトは天降りするのです。だからオオクニヌシノミコトからの国譲りではなくて、タケミカヅチノカミやフツヌシノカミはオオクニヌシノミコトから無理矢理国譲りをさせたけれど、みんな嫌がって統治できなくなって、無政府状態になってしまったわけです。その状態でニギハヤヒノミコトがやってきまして、太陽神信仰は生駒山や三輪山の周辺の人々は以前からもっていましたので、私が太陽神の化身だみたいにうまくいいまして、土地の人々に受け入れられたということです。

梅　原　それを入れた方が、国譲りの中心になるのはだれかをよく説明できるかもしれないですね。どうして『日本書紀』で物部氏の祖先神らしいフツヌシノミコトが国譲りの使者の中心になるのか、それではじめて理解できるかもしれませんね。それは面白い。それじゃあ一度谷川健一さんの本を読んでみましょう。何から読んだらいいのですか。

やすい　『白鳥伝説』（集英社、一九八五年）です。

梅　原　もう一ついっておきたいことがあります。

荒神谷遺跡や加茂岩倉遺跡から出土したあの驚くほど多い銅剣・銅鐸・銅矛などは、オオクニヌシがニニギノミコトに地上の国を譲り、黄泉《よみ》の国の支配者になることを了承して、海に身を隠した、そのオオクニヌシに捧げられたものではないか、銅剣・銅矛には×の字が記されていますが、古代日本には、この世で完全なものはあの世で不完全、この世で不完全なものはあの世で完全という思想があります。それで葬式の時には、使った茶碗などをこわします。それであの世の死者に完全な茶碗を送ることになるという思想です。私が子供の時です。着物を左前に着ていると、母に死人の真似をすると叱られました。また私は水にお茶をうめると、死人の真似をすると叱られました。

やすい　この世とあの世はあべこべだというあの世観ですね。

梅　原　こう考えると×は死者に送るためにこの銅剣や銅鐸や銅矛など×印が記せられているのは本来こわして葬られ、あの世では完全なものとし復活することを願うものですが、銅鐸などは容易にこわせないので、×印を記して、こわしたことにしたのだと思います。これは黄泉の国にいるオオクニヌシに捧げたものです。出雲王朝のもっていた驚くほど多い銅剣や銅鐸や銅矛を死んだオオクニヌシに捧げたのでしょう。このことは間違いないと思います。

柿本人麿論の完成へ

梅　原　それでまあもう一つやらなければならない仕事があります。出雲神話をどうしても書き直さなければならないのと同じように、『水底の歌』『歌の復籍』の完成版をつまり柿本人麿論を完成させなければならないことです。『水底の歌』で人麿流罪＝水死説を唱え、『歌の復籍』で人麿歌集の歌は人麿のつくった歌だと書いたのですが、この二つの説は間違いないと思います。しかし『水底の歌』を書いた時はまだ『人麿歌集』が人麿の歌であることに気づいていませんでした。人麿の人生を四つの時期に分けて、人麿論を論じることが必要です。とすると人麿は、第一期が『人麿歌集』の略体歌とされる歌で主に恋歌で、第二期が『人麿歌集』の非略体歌の時期です。その時期は天皇や皇子たちが交わした歌が多くあります。人麿が任官しておそらく殿上人五位以上の官になったに違いありません。第三期が人麿作歌の宮廷歌の時期です。これは人麿が持統天皇に寵愛されて宮廷歌人で活躍している時期です。宮廷人になって吉野の歌など持統天皇を賛美したのです。四期が流罪期です。地方を歌った時期です。人麿は流罪となり、最後は死罪にされた時期です。

こういう書物をだれか書いてくれると思っていましたが、だれも書いてくれないので、これも自分がやらないといけないと思いますと、これは本当にえらいこっちゃですよ。百歳まで生きても足りないぐらいです。

やすい　国文学の研究者でやろうとする人はいないのですかね。

梅　原　それに今まで間違いない通説とされた真淵の人麿論が全く間違いで、私の説が正しいという前提で、書かねばなりません。しかしそういう大胆なことをする人はありません。三百年の間まちがいないとされていた契沖、真淵の説を根本的に否定する私の説を認めるのは勇気の要る仕事です。それは私の説にも反論できないので、それを否定したら、私に、たたかれると後世の物笑いになるかもしれません。それはどちらにしても日本文学研究者としてつらいことです。それで私の説に対して沈黙を守っているのです。とすればこのような人麿論の完成も私がやらなければならない仕事と思います。

人麿はすばらしい恋愛歌をのせた『人麿歌集』が持統天皇に認められて宮廷人となります。天皇としては中国のような詩人が日本に出現することを熱望したと思います。そして人麿が宮廷人となり、やがて持統天皇の寵臣となります。それまでは人麿の人生は順調だったのですが、それから変わります。多分壬申の乱に参加した人麿は高市皇子を心から慕っていたのでしょう。しかし高市皇子は、我が子草壁皇子の即位を願う持統天皇には眼の上のたんこぶです。そういうところから人麿は多分持統天皇と対立するようになったのでしょう。この間に藤原不比等が立っているのかもしれません。

やすい　そうだとしますと、持統天皇をめぐって不比等と人麿の三角関係が考えられませんか。恋のライバルみたいな。（苦笑）

梅　原　三角関係かもしれません。やはり女としての自分をとるか、孫の即位を願う祖母としての自分をとるかだと思います。だんだん歳をとると子や孫が可愛くなって、ということもありますね、それについても書かなければなりません。それをやるにもやはり六年間ぐらいかかりますね。大変な仕事ですよ、これは。もうすぐ八十四歳になりますからね。

やすい　先生のお誕生日は三月二十日ですか。

梅　原　そうです。あと十年生きたら九十四歳です。

人類哲学の構想

独創的な哲学書が書けるまでは本は出さない決意

梅　原　やすい君、君も哲学やってるけれど、やっぱり私も哲学をやりまして、学生時代にドイツ観念論全盛時代なのでカントもヘーゲルも読みましたが、どうもあまり好きになれませんでした。それで好きになったのはニーチェとハイデガーです。そういう独創的な思想が生まれない限りは哲学の本は書かないと決めていたのです。西田幾多郎《にしだきたろう》は最初の本が『善の研究』ですが、ああいう独創的な本が書けるまでは本は書くべきじゃないと思っていたのです。

しかしなかなかそういう哲学の書はできませんでした。最初は笑いの研究から感情の研究に入ったのです。どうしても哲学の体系ができないので、多少スランプが続いたのです。感情の研究から日本人の感情を分析していまして、そっちの方が売れ出したのです。処女作の『仏像――心とかたち』（NHKブックス、一九六五年）、あれはNHK教育テレビで「仏像――かたちとこころ」の総合司会をやって、仏教には顕密がありますが、顕教の望月信成《もちづきしんじょう》さん、密教の佐和隆研《さわりゅうけん》さんが「かたち」について語って、私が「こころ」について語りました。それでゲストを迎えまして、テレビ番組を一年間やったのです。それを本にするというので望月さんや佐和さんは原稿を書いたのです。それで私も書かないといけませんというので、書きました。そしたらそれがまたね、最初五千部だったのが、そしたらもう三日間で売れ切りまして、そしてベストセラーになりました。それでえらく売れましたので、本を書くのはいいことだと思ったのです。それから二百冊ほど本を書きました。

やすい　売れればね、お金にもなりますよね。

破られた青春の形見

梅　原　最初の単著『美と宗教の発見』（筑摩書房、一九六七年）を出す前に、『仏像――心とかたち』が処女作だったのです。それがベストセラーになったばかりか毎日出版文化賞を受賞したのです。それでいっぺんにマスコミに出てきたのです。だけど私はやっぱり哲学者です。日本研究をやってましても、最後はやはり哲学の本が書きたいですね。

というのは学生時代から近代哲学はどうも間違っているという予感をもっていたのです。ルネッサンス以来、世界は混沌に入っていくというニーチェ思想の影響がありますが、私は学生時代から近代哲学は間違っているという信念をもってまして、それで最初の論文は大学の卒業論文で「時」（一九四八年、二十三歳）という題の論文です。それは進歩思想を否定した論文なのです。浄土寺の自宅においていたのですが、立命館大学の学生に部屋を使わせたら、全共闘が入ってきまして、その論文を破ってしまったのです。

やすい　ええ！　破れているのですか。私は持ち出されて行くえ知れずと思っていました。

梅　原　くしゃくしゃにしちゃって、一部分しか残ってないのです。

やすい　わざと破ったのですか。それはひどい。（梅原苦笑）戦争体験を踏まえ、文明の意味を問い直した、梅原猛の青春の形見みたいなものでしょう。

梅　原　まあ家を貸したのは悪いのだけどね。
やすい　貸すことは貸したのですか。
梅　原　私は浄土寺から北白川へ引っ越したのですが、そこを学生にただで貸したのです。そこにあった私の卒業論文を破ったのです。
やすい　先生の家で昔は学生が会合したりしていたのですね。それでいろいろご迷惑をかける連中もいたとは聴いていましたが、これだけは許せませんね。
梅　原　私が信用していた学生なのですが、全共闘が入ってきて、巣窟《そうくつ》みたいになって、調子に乗ってやったんでしょう。

一貫してね、私は進歩主義の批判を若い頃からしていました。進歩主義には二つあります。資本主義はどんどん無限に発展するというような進歩主義と、もう一つは資本主義は発展すればその矛盾によって必然的に破綻《はたん》して社会主義にならざるをえず、社会主義になることによって歴史は無限に進歩するという進歩主義です。後者の進歩主義はソビエト社会の崩壊によって間違っていることが明らかになりました。それが崩壊した時私は今度は前者の進歩主義も崩壊するのではないかと書き、多くの人々を梅原はマルクス主義者になったのではないかと驚かせました。それは昨年の金融危機以来、ありうると思うようになりました。それで進歩肯定の考え方そのものが間違えじゃないかと考えまして、ヘーゲルやマルクスの考え方に対しても批判的だったのです。それ　そして進歩主義とはいえませんが、西田哲学や田辺哲学の弁証法に対しても、懐疑をもっていたのです。

やすい　戦争を本当に反省するのなら、戦争をもたらした進歩に対する根本的な反省がなければなりませんね、それ抜きに安易に進歩を礼賛するのは確かに問題です。

イオマンテの循環思想と天台本覚思想

梅　原　日本文化の研究に入ったのは、哲学に行きづまったからだけではありません。日本の文化の研究が新しい哲学の創造に役に立つことがあるのじゃないかと思いまして、日本の文化を研究してきました。まあ四十年日本文化を思想、宗教、芸術、歴史など多方面から広く研究してきました。そしてまた縄文文化からアイヌ文化の研究に入ったのですが、だけど自分の哲学をそういう日本文化研究を土台にしてつくることができるかということに対しては、自信がもてなかったのです。

やすい　日本の土着の思想を土壌にして梅原哲学の木を育てられないかということですね。

梅　原　アイヌ研究にはイオマンテ（魂送り）という思想があるのだけれど、それもやはり霊が無限に循環している、そういうニーチェのいう永劫回帰の思想のようなものが実はアイヌにあるのじゃないか、ニーチェはそれを一種の意志の願望として考えたのだけれど、アイヌではイオマンテはもっとも自然に霊の永劫回帰として考えられている、その思想はニーチェの永劫回帰の思想よりももっと根源的な人類の思想です。多くの原始民族の中に残されている思想、そういう思想の上に新しい哲学をつくることが可能ではないかと思いました。

またずーっと日本思想を研究しているうちに、やはり日本の思想の中心が天台本覚論にあることが分かったのです。仏教と神道が出会いまして習合しました。それが「草木国土悉皆成仏」という天台本覚論の思想として表現されます。草や木は植物ですが、国土というのは鉱物、無機物ですね、それもやはり仏性をもっていて仏になれるという思想です。山や川も命をもっていて、生き死にするものだという思想ですね、そういう思想が天台本覚論じゃないかと思います。ところが知里真志保《ちりましほ》のアイヌ研究に出ているのですが、知里真志保はアイヌは一般の日本人と違って山や川も生きていると考えるというのです。

やすい　アイヌにとっては自然はみんな生きているけれど、文明化してしまった日本人は自然を死んだ機械や道具や品物の材料としての物体に過ぎないと考えているということでしょうね。

梅　原　でもね、知里真志保は日本と違うといったけれど、日本にも元々はそういう考え方があったのです。山も、山上とか山尾とか山背とか山腰とかいう姓があります。河も川上とか川下とか川尻とかいいますね、河合の地などは河の股なのです。そこは生殖器があるところなので神聖な所として神社がつくられます。下鴨神社は正に河合の地にありますが、ベナレスもオリンポスもそういう地にありました。そういう考え方は縄文の昔からの考え方でして、それが「草木国土悉皆成仏」という天台本覚論になって受け継がれています。天台本覚論は鎌倉仏教のすべてに受け継がれています。能にも「草木国土悉皆成仏」という言葉がやたら出てくるのです。世阿弥にも出てきますが、特に禅竹の能には非常に多いです。それが日本仏教の独特の思想です。釈迦仏教では有情《うじょう》というのはせいぜい動物に限られています。植物は有情ではないのです。だけど日本仏教はそこが違うのです。植物鉱物までも仏性をもっているとします。そういう考え方はやはり近代主義とは全然違います。将来の人類の哲学はそういう思想にもとづかなければならないのではないかと思っています。

やすい　西欧の何かの哲学と結びつけるというのはむつかしいでしょうね。

エジプト文明の太陽神信仰に感動

梅　原　昨年の二月に吉村作治さんの案内でエジプトに行きました。エジプトに二つの考え方があるのです。太陽中心の考え方と、北極星中心の考え方です。初期のピラミッドは北極星中心の考え方だったのです。それは南北を向いています。ところが正式のピラミッドができるようになりますと、太陽中心の考え方になり、東西を向いています。太陽の神、ラーの神がエジプトの、神々の中心になります。そこからエジプトの古代神学ができたのです。太陽の神の次に崇拝されるのが水の神イシスです。太陽の神と水の神を中心に巨大な神学がつくられました。まあこれは吉村さんに教えていただいたのですが、ひるがえって日本を考えるとやはり太陽の神が中心なのです。アマテラスオオミカミという神です。これは日本だけ太陽の神と考えたら大間違いなので、農業国はだいたいすべて太陽の神が中心なのです。

やすい　そういえば太陽神が多いようですね。

梅　原　小麦文明でも稲作文明でも、そしてトウモロコシ文明でもすべて農業文明では太陽の神が中心です。そしてその次にはやはり水の神です、豊受大神宮が伊勢の外宮に祀られていますが、それは水を必要とする稲作農業の神です。仏教において特に密教の中心仏大日如来というのが太陽仏です。そして日本で一番多くつくられる仏が観音です。そして特に崇拝されるのは十一面観音です。十一面観音は左手に水瓶をもっています。その十一面観音崇拝は白山信仰を始めた泰《たい》澄《ちょう》や八幡信仰を始めた行基《ぎょうき》によって発展させられたのですが、これは私は水の仏と思います。白山の水が流れていて田畑を潤します。そこから田植えが始まります。それで観音様は水の仏なのです。太陽の仏と水の仏が仏教の中心になります。

やすい　太陽の光と熱それから水が命の源ですね。

太陽を忘れたギリシア文明とイスラエル文明

梅　原　ところがイスラエル民族、ギリシア民族というのは農業民族ではありません。イスラエル民族つまりヘブライ民族というのは放浪の牧畜民ですね。それにギリシア民族も労働は奴隷に任せて、自分は商売と戦争で国を発展させてきたプラトンを読んでもアリストテレスを読んでも、農業を奨励する話はあまりありません。太陽の神が忘れられたのではないかと思います。アポロンの神が太陽の神なのですが、予言の神になります。ソクラテスによって「汝自らを知れ」という哲学の神になってしまいます。

西欧文明というのはギリシア文明とイスラエル文明から始まったというのですが、どうもそういう文明の考察では今後の人類文明への展望は開けないのではないか、トインビーは近代西洋文明の父母文明としてギリシア文明とイスラエル文明を挙げました。そして、エジプト文明とメソポタミア文明を西欧文明の祖父母文明においたのですが、西欧文明が祖父母文明をどのように受け継いでいるか、あるいは受け継いでいないのか、そういう問題意識はトインビーにないのです。

私は人類文明をギリシア文明とイスラエル文明から考える、つまりギリシアの哲学とキリスト教から始まると考える考え方はやはり誤っているのじゃないかと思います。ギリシアの哲学とキリスト教では太陽の神や水の神が忘れられているからです。その前のエジプトの農業文明に戻って、太陽の神、水の神を崇拝する文明に帰らなくてはならないのではないかという発想がエジプト旅行の結果として生まれてきたのです。

私は若い時にギリシア哲学をギリシア語で読んで勉強したのですが、今エジプト文明を勉強するとなると、できたらヒエログリフから勉強しなければならないので、これはえらいことだと思っています。

やすい　エジプトにこだわってしまうとそうなりますが、太陽の神にはアマテラスもありますから、日本文明論でもいけるのではないですか。

梅　原　だけどね、やっとラーの神、太陽の神に私の日本研究と世界の思想が結びついたのです。

やすい　なるほど世界の哲学の原理としてのエジプト文明論ですか。

梅　原　世界を見る視野は広がったのですが、この視野をちゃんとした哲学にするのは大変なのです。

やすい　でもヒエログリフとなると大変ですね。ギリシア語まではいけても。

梅　原　ギリシア語まではいけるから、日下部吉信さんにも手伝ってもらおうと思っています。

やすい　日下部さんもギリシア語は堪能ですが、ヒエログリフまではどうでしょうか。ヒエログリフを読めるとなると日本には吉村作治さんの他にあまりおられないのでは。

九十歳を超えて書く哲学書

梅　原　二十世紀の西欧哲学者でだれが一番重要な哲学者であるかというとハイデガーです。ハイデガーはナチスに一時傾倒したことがあるのですが、晩年はナチスを離れて、西欧の文明の原理は間違っているとしました。西欧形而上学はプラトンから間違っているというのです。なぜならそれは「意志の形而上学」だからです。意志の形而上学というのが西欧の哲学の中心で、これを離れなければならないというのです。意志の形而上学を離れて、存在そのものを見つめるという立場にならなければならないというのです。それがハイデガーの結論だと思います。

ニーチェは意志の哲学を唱えました。これはデカルトに始まる西洋の近代哲学の理性の否定と考えられました。デカルトの理性哲学はカント、フィヒテからヘーゲルに伝わり、ヘーゲルの哲学で理性哲学は完成し、それに反するものとしてショーペンハウエルやニーチェの意志の哲学があると考えられてきました。マルクス主義者のルカーチは、ヘーゲルからマルクスへ伝わる理性の哲学を善として、ショーペンハウエルやニーチェの非合理の意志の哲学をナチスの思想に通ずる悪い哲学というのですが、ハイデガーは両者は同じ穴のムジナだというのです。西洋の理性の哲学の中に隠れていた意志をはっきりと押し出したのがニーチェだというのです。だからヘーゲルもニーチェもあまり変わらないというのがハイデガーの考え方です。西洋の哲学に対するハイデガーの批判は非常に厳しいのですが、それは私は正しいと思います。

やすい　理性および意志の哲学からハイデガーを踏まえて存在の哲学へということですね。

梅　原　ハイデガーも西洋文明はギリシアとイスラエルから始まったという偏見にとらわれています。彼も世界思想の考察をギリシアより前にさかのぼらせないのです。イオニアの最初の哲学者ターレスはアルケーすなわち万物の源《みなもと》は水であるといいました。しかし私は水だけでは不十分だと思います。そういう視点からもう一つ前のエジプトの太陽の哲学に帰らなければならないと今は考えているのです。ヒエログリフをやらないにしても、もう一度プラトンやデカルトやニーチェやハイデガーを読み直さなければならないのです。
　若い時は元気がよくて原書で読めましたが、もうやはり八十五歳を過ぎますとちょっと無理なような気がします。でもなんとか日下部さんに助けをしてもらって、九十歳を超えて人類哲学を書こうと思っているのです。あんまり早く書くと死んでしまいますからね。

やすい　九十歳を超えて書く哲学というのはギネスものかもしれませんね。

梅　原　やっと日本の思想が哲学と結びついた、西洋哲学の研究と結びつく、その接点をエジプトで見つけてきたのです。

やすい　ではその場合天台本覚思想というのは、エジプトにもっていった場合は、通用しないのですか。

梅　原　通用します。だけど天台本覚思想の中に欠けているものがあるのですよ。太陽の神と水の神が落ちていたのです。本来は、天台本覚思想の元に、見落とされていたけれど、太陽の神や水の神があるのです。

やすい　だから天台本覚思想の中に太陽の神を入れればいいということですね。

梅　原　そうするとエジプトとつながるわけなのです。

やすい　ではその場合の太陽も、いわゆる自然科学的な太陽というより、生死する太陽ですね。単に物理的な太陽ではなくて、自分が生きていること、自分が死ぬことを太陽を通して感じるのでしょう。

生死する太陽と『法華経』の教え

梅　原　太陽が生死するから人間も生死する。太陽が沈めば夜になって人間も眠ります。眠りというのが大事なのです。眠りの考察というのは近代哲学では全く抜け落ちています。仏教ではまだ「随眠《ずいみん》」というのがあるのですがね。

やすい　その「随眠」という言葉はよく分からないのですが。

梅　原　これは悪い意味で書かれていますがね。眠りが必要だという考え方はあるわけです。キリスト教や西洋哲学には全くないですね、眠りの考察は。

やすい　そういえば、イエスが最後の晩餐の後に捕まえに来られるのを予感して恐怖でおののいていたのに、弟子たちは極度の緊張からか、疲れ果てて居眠りしてしまいますね、それで「目覚めよ！」とイエスに叱られましたが。

梅　原　一日眠らないと人間というのはもちませんからね。眠るということは毎日死んでいるということなのです。

やすい　死ぬから生きるということですね。

梅　原　「死は永久の眠り」だといいますが、逆にいうと「眠りは一時の死」なのです。だから毎日死を繰り返しているのです。これがエジプトの哲学ですね。太陽は、毎日死ぬのです。それでまた生き返ってきます。蓮の花は太陽が照ってくるとともに開き、そして太陽が沈むと共にすぼむので、太陽を受け入れていると受け止めます。それでエジプトでは睡蓮がもっとも神聖な花になるのです。それがずーっと伝わって、仏教では蓮の花の崇拝になったのでしょう。日本でもっとも大切にされた経典は『法華経《ほけきょう》』ですが、法華というのは蓮の花です。

やすい　太陽は光ですね、光というものが哲学でも宗教でも原理になりますよね。そういう光と闇という対照だとかによってすべての物質もできていますし、それは言い換えれば生死と同じことで、それから光を感情として捉えれば愛で、仏教でいえば慈悲です。それで私は宗教は多神教も一神教もいろいろありますが、光、命、愛というのが三要素みたいに考えれば、一神教と多神教の違いよりも、共通性が出てきて、対話の可能性が生まれると思うのですが。

一神教もイデア論もエジプト文明から出てきた

梅　原　今度の吉村さんとの対話の本をね、ある西洋史家に贈ったらね、比較文化学会で、東独の学者がね、一神教はエジプトにある、キリスト教はその影響だというと、西ドイツの哲学者がものすごく怒ったというのです。だから西洋の知識人は、一神教はイスラエルで始まったという信念を捨てきれないのです。しかしマルクス主義の影響を受けた東独の比較文化論の学者は、そのような通念あるいは偏見を免れているということでしょう。

やはり私は、吉村さんがいわれるように、一神教はエジプトに生まれた。しかもその一神教は愛の一神教だと思います。イエスの考えたのに近い一神教だったのです。そういう一神教をモーセが一種族の一神教に変えてしまったのです。吉村さんがいわれる通りだと思います。

それから吉村さんとの対話で面白かったのは、エジプトでは人間はアク（肉体）とバー（魂）とカー（精霊）の三要素からできているとされます。死んだらバー（魂）はアク（肉体）を離れるのですが、カー（精霊）はアクのそばにいてアクを守ると捉えられています。

私は、ずっとプラトンをやりながらイデアというものは、よく分からなかったのですが、吉村さんの解釈では、イデアというものは、カーが変形したのじゃないかというのです。これはとても面白い説ですね。

プラトンもエジプトに行きまして、ものすごく影響を受けているのです。ソクラテスは全く影響されなかったと思いますが、プラトンはエジプトに行きまして、ピュタゴラスの説なんかにも触れてだいぶ変わってきたようです。そういうプラトンにおけるエジプト思想の影響をはっきり把握する必要がありますね。晩年プラトンには、神秘主義的な傾向が表われますが、それはエジプト思想の影響でしょう。しかしプラトンは理性主義の立場を捨てきれません。

理性中心の哲学はソクラテス、プラトンがつくったのです。人間中心の哲学がやはり西洋の文明の原理になっています。それをやはりもういっぺん人間中心の哲学から宇宙中心の哲学に変わらなくてはならない。そういう人間を神とするような哲学を否定して、つまりデカルト哲学を否定して、もういっぺん太陽中心の哲学を構成しなければなりません。

だから近代科学は、太陽が地球の周りを回っているというそういう思想に対して地球が太陽の周りを回っていると考え、自然中心の地動説をとったのですが、近代哲学はまだ人間中心の天動説ではないのか、天動説を否定し、だから天動説を改めて地動説の哲学をつくらなくてはならないのです。

近代哲学を天動説だと断ずれば、多くの哲学者は怒ると思いますが、あえてやらなければなりません。人類が生き残るためにやっぱり地動説の哲学をつくらなければならないと考えています。これはまあこれからの私の仕事ですけれど、やることはいっぱいありまして、歳をとればとるほどやりたい仕事は多くなってくるのです。

やすい　そうですね、先生のお仕事を見ていればよく分かります。

歳をとればとるほど勤勉になる

梅　原　そう簡単に神様は私を殺さないと思っています。この仕事をやり遂げるまではね。私を生かしておいてくれると思います。その代わり怠けるようだったら私は神様に殺されます。そういうことでまあ。
やすい　毎日太陽の神が見ていますからね。

梅　原　太陽の神のおかげでね、まだ十年は大丈夫だと思います。

やすい　『ギルガメシュ』で太陽神ウトゥが出てきますね。太陽の神はとても人間びいきなのです。なぜなら勤勉に毎日毎日起きて働いて、努力しているからだということですね。先生のお姿を拝見していますと、先生ぐらい勤勉にやっている人は少ないですね。

梅　原　歳をとればとるほど勤勉になってきたのです。若い時は怠け者だったですよ。特に八十歳を過ぎて、またえらく勤勉になりましたね。こないだ『梅原猛の授業　仏教』（朝日文庫、二〇〇六年）が文庫になったのですが、末木冬美士さんが解説を書いてくれました。「梅原さんという人は大変大胆なことを言う人だけれど、実は大変な勉強家だ」。歳とってから勉強しているのです。これからまた西洋哲学をね、原書で読んだらしんどいなと思いますが、少しやはり日下部さんの力を借りても、原書で読まないといけません。しんどいけど楽しいですね。妻は「あなたが仕事をすれば私まで忙しくなるので、仕事はやめなさい」というのです。

やすい　そりゃあこちらも困りますが、先生から仕事をとったら生きる張り合いがなくなりますよね。

梅　原　医者にきくと、「好きな仕事をやめたら、生きがいを失って、死んでしまいますよ」といわれました。

やすい　先生睡眠時間とかはとれていますか。

熟年者の生き方の手本

梅　原　充分です。それは心配要りません。食べ物はだいたい野菜中心ですね。妻の監視がきびしくてね、刺身に醤油をかけますと、「なんでそんなたくさんかけるの、ちょっと一滴でいい！」と注意するので、刺身を醤油なしに食べているのです。野菜中心で健康には非常に気をつけてますので、だから大丈夫です。

やすい　現在は体調はお元気そうですね。

梅　原　若い時はいろいろ病気をしました。癌も三回やりました。最近血液検査をしましたが、どこも悪いところはないといわれています。まだ当分大丈夫だと思います。仕事することが楽しみなので、本を読むのは新しい世界を発見できるので楽しいです。考えることはまた楽しいものです。そして書くのはまた最高に楽しいのです。読むことは楽しい、考えることは楽しい、それからそれを書くことはまた楽しいので、けっこうな人生ですよ。

やすい　先生がそういう生き方をされているのを見ていますと、私たちもだんだん高齢になっていきますので、やはり梅原先生のような生き方が一番いいのだなという感じで、手本になっていただいてますから、今日のお話はとても心強いです。

梅　原　まああやすい君はまだ若いですよ。まあ歳をとってからいい仕事すればいいのです。

やすい　西田幾多郎先生もそうですよね。定年退官されてから書いた方が、それ以前より多くて、充実したのを書けていますね。

梅　原　西田先生は定年退官後が勝負だといわれていました。で、昔は定年六十歳でしたからね。その通りです。日本の作家でも年をとっても書き続ける人は少ないですね。若い時にいい作品を書いていた人でも、四十歳で書けなくなってきた人が多いです。それで自殺したりするのです。良心的な作家はね、自殺者が多いですね、書けなくなってきた人が多いです。三島由紀夫でも太宰治でも川端康成でも。私は書けなくなったから死んだと思います。書けなくなっても志賀直哉のような悠然たる人生を送る人達もいます。歳をとっても書き続けたのは谷崎潤一郎ぐらいですね。歳とっても最後までエロスに執着しています。女性の肉体に執着しています。こちらは女性の肉体に対する執着はもうなくなっています。（笑い）まあそういう生活をしていますので、まだ当分大丈夫だと思います。またやすい君は私のことだけでも書くことはたくさんありますわ。

（笑い）

哲学をつくる中心概念というものを摑んだ

やすい　ですからね、最初は『評伝　梅原猛――哀しみのパトス』でしょう。生母の哀しみを身に享《う》けて、それがこの世に恨みを残した人々の思いを受け止める感性をもつことにつながって、怨霊史観を形成する梅原猛ができあがったというものでした。次はその哀しみを昇華して、創造の歓喜の舞を舞って「天翔けるこころ」になってスーパー歌舞伎・スーパー狂言を生み出したというのが『梅原猛　聖徳太子の夢』です。そしてこれから今日のお話でありましたような、総まとめとして「未来を指し示す哲学」をつくられるわけで、私の梅原猛論第三弾は『梅原猛　未来を指し示す哲学』というようにもう既に考えているのです。

梅　原　その通りですよ。今日お話したのは、劇にしろ、世阿弥論にしろ日本神話にしろまだこれから書きたいことがたくさんあるということです。これからの仕事を知るためにはこの本を読んでいただきたいといいたいですね。

特に最後の哲学は、なんとかこれを書かないと、私は旧制高校の頃西田幾多郎の『善の研究』を読みましてね、自分もこういう哲学者になりたいと思いました。そして京都大学に進学しました。しかし西田先生のお弟子さんたちが作り出した『世界史の哲学』に対して、戦争から帰ってきた私は、大変不満でした。

西田哲学というのはやはり思弁の塊みたいな哲学でね、もうちょっと実際経験に沿わなくてはならないとずっと思ってきました。それにやっぱり言葉が難し過ぎます。思想というものは親鸞にしろ、法然にしろ非常にやさしい言葉で語られています。道元は大変むつかしいですが、しかしそれでも道元は、鋭い人間批評が感じられてけっこう読めるのです。西田哲学は立派なものだけれど、観念でできあがっています。哲学は、もう少しやさしい日本語で語らなくてはならないと思い続けてきました。

西田先生に対する批判は私はいっていません。尊敬していますが、それは西田哲学はデカルト的な二元論ではなくて、主客合一というやはり新しい、日本の思想を根底とした西洋哲学に代わるべきような思想を作り出したことにです。西田先生は大哲学者だと思いますね、西田先生は禅をされまして無を彼の哲学の中心概念としましたが、私も日本の思想を広くアイヌの思想まで研究したと思います。そういう努力の甲斐あって自分の哲学をつくる中心概念というものを掴んだ気がしますね。これを一つの哲学体系に完成するには、だいぶ年月が必要であり、それなりの労苦が必要ですがね、やっと哲学書が書けるというような気持ちになったのです。

やすい　最初にいわれていた「独創的な思想が生まれない限りは哲学の本は書かないと決めていたのです。西田幾多郎は最初の本が『善の研究』ですが、ああいう独創的な本が書けるまでは書くべきじゃないと思っていたのです」という言葉を結局貫徹されているわけですね。でも考えようによれば物事を根底的に捉え返すという姿勢は、梅原古代学やスーパー歌舞伎にも貫徹していて、それこそ梅原哲学だともいえると思います。とはいえ、やはり西欧近代哲学と真っ向から対決した本格的哲学書の出現は大いに期待で胸が膨らみます。

梅　原　それじゃあまた応援してください。

（＊二〇〇九年三月八日　株式会社ミネルヴァ書房内にて）

あとがき

梅原先生が日本の伝統を論じる切り口は実に明解です。天皇制を中心に日本の伝統を理解するのは間違いで、真の日本の伝統は、生きとし生けるものとの調和を大切にし、仏教的な慈悲や聖徳太子の和の精神に基づいて、平和で豊かな国造りをするところにあると捉えるべきだとされています。

二〇〇六年末に改正された『教育基本法』の「教育の目標」に「伝統と文化を尊重し、それらをはぐくんできた我が国と郷土を愛する」という文言が入ったことで、愛国心教育復活が問題になりましたが、日本の伝統とは何で、我々が継承すべき日本の伝統とは何なのかが明確にされたわけではなかったのです。その前に国旗「日の丸」・国歌「君が代」の法制化がありましたので、この伝統とは結局「天皇制」のことであると受け止める向きもあったようです。

梅原先生も平和をこよなく愛し、民主主義を尊重される今上天皇が象徴天皇にふさわしいと考えられておられますが、日本の伝統の中心を天皇制に置くような日本文化論は戦後一貫して批判してこられたのです。

天皇や国家を神として、そのために戦って死ぬことを讃美する体制は、近代になってつくられたものです。それを可能にしたのは明治になってからの神仏分離、廃仏毀釈だったのです。それまでは神仏習合の文化が続いてきたわけです。そして山や川や海や太陽や月そして獣や穀物が神として祀られてきました。

また梅原先生は、恨みをのんで死んだ人々の霊を慰めて祟りを防ぐという怨霊信仰の伝統を『隠された十字架』『水底の歌』などの著作であざやかに浮かび上がらせました。それは和の精神に基づいていたのです。その精神でいきますと、靖国神社に天皇のために戦った兵士を祀る前に、日本の侵略で被害を受けたアジアの人々の慰霊を行うべきだったのです。

恨みをのんで死んでいった人々の怨霊を鎮魂する伝統は、御霊神社や菅原道真の天神信仰など平安時代の文化の大きな特色になりましたが、戦乱が常態化した室町時代には、不条理な死があふれたので、それを鎮魂する観阿弥・世阿弥らの能楽では怨霊鎮魂が大きなテーマになっています。梅原怨霊史観も室町時代という主戦場に乗り出したというところでしょうか。

また能楽は、生きとし生けるものがすべて成仏するという、山や川まで成仏するという天台本覚思想が見事に表現された芸能です。まさしく「大いなる生命の循環と共生」の哲学が根底に流れているわけで、二十一世紀の人類哲学を構成する重要な要素になることでしょう。

梅原先生は、二〇〇八年の二月にエジプトで太陽神信仰に触れられて、大いなる生命の根源である太陽と水に対する信仰を再発見されました。「大いなる生命の循環と共生」の思想と太陽と水への信仰を接合することによって、人間のきままな主観性や意志に基づいているギリシア以来の西洋形而上学を超克できるのではないかというところまでたどり着かれたのです。つまりエジプト文明にまで戻って西洋文明をトータルに超えようということですね。そして太陽と水の信仰は実は日本の元々の神道に、また神仏習合の中にも脈々と流れているわけです。

こうしてようやく本格的梅原人類哲学が書けそうなところまできたと言われます。本書に収録しました五つの講演と私との対談の中に、最近の梅原先生の問題意識がふんだんに語られていまして、まことに梅原先生の老いてなお瑞々《みずみず》しい感性にワクワクさせられます。何かこちらまで若さをいただける気になってきます。

梅原先生は、私との対談で、九十歳になってから人類哲学を本格的にまとめると語られました。九十歳を超えて本格的な哲学書を書いた人は人類史にまだいないのです。まさしく梅原先生は人間の限界に挑戦し、人類の危機にプロメテウスの鎖を解いたヘラクレスのように立ち向かおうとされているわけです。我々もそれをただ傍観してはいけないので、自分自身の限界に挑戦しなくてはいけませんね。

本著『日本の伝統とは何か』は、梅原先生に大阪経済大学で『日本文化の伝統』のご講演を依頼したときから、出版企画をあたためてきました。一つの講演だけでは足りないということで、最新の梅原先生の五つの講演をまとめて出版することになり、最後に梅原先生のご提案で私との対談をしてそれも収録しようということになったのです。そのように企画が変化し、膨らんだこともあって、結局二〇〇七年の大阪経済大学での講演以来丸二年たってやっと出版にこぎつけたということです。

講演や対談を聴き取って筆録する仕事は、やすいゆたかが行いました。注や謡曲の要約文も担当させていただきました。梅原猛先生の著作にここまでお手伝いができるのは、梅原猛研究に携わってきたものにとってまことに至福であったと、梅原先生には感謝しております。

そして私と梅原先生との連絡役を務めていただき大変お骨折をいただいた中堂祐保さんにはここに記してお礼申し上げます。

また梅原先生の講演を主催していただいた国際日本文化研究センターと総合地球環境学研究所（Ⅰ天台本覚思想と環境問題）、大和ハウス工業株式会社（Ⅱ聖徳太子と法隆寺）、人間環境大学（Ⅲ親鸞のこころ）、大槻文蔵の会（Ⅳ勝修羅の鎮魂）、大阪経済大学（Ⅴ日本の伝統とは何か）の関係者の方々にも厚くお礼申し上げたいと存じます。

ミネルヴァ書房の杉田啓三社長には、この企画に深いご理解とご尽力をいただきました。また編集委員の堀川健太郎さんなど編集スタッフの方々にはいろいろご無理を通していただき、お陰で素晴らしい仕上がりになり感謝いたしております。

二〇〇九年九月十三日

やすいゆたか

《対談聞き手紹介》

やすいゆたか

1945年　生まれ。
1968年　立命館大学文学部史学科日本史学専攻卒業。
1971年　立命館大学大学院文学研究科哲学専攻修士課程修了。
予備校講師を経て，
現　在　著述業。立命館大学・大阪経済大学などの非常勤講師。
主要著作　『評伝　梅原猛――哀しみのパトス』ミネルヴァ書房，2005年。
『梅原猛　聖徳太子の夢――スーパー歌舞伎・狂言の世界』ミネルヴァ書房，2009年など。

《著者紹介》

梅原　猛（うめはら・たけし）

1925年　宮城県仙台市生まれ。

1948年　京都大学文学部哲学科卒業。

立命館大学教授，京都市立芸術大学学長，国際日本文化研究センター所長（初代）などを経て，
現　在　国際日本文化研究センター顧問。

主要著作　『仏像――心とかたち』（共著）NHK ブックス，1965年。

『隠された十字架――法隆寺論』新潮社，1972年。

『水底の歌――柿本人麿論』（上）（下）新潮社，1973年。

『ヤマトタケル』講談社，1986年。

『ギルガメシュ』新潮社，1988年。

『オオクニヌシ』文藝春秋，1997年。

『うつぼ舟Ⅰ　翁と河勝』角川学芸出版，2008年。

『うつぼ舟Ⅱ　観阿弥と正成』角川学芸出版，2009年，ほか多数。

『梅原猛著作集』（第一期：集英社，1981-82年，第二期：小学館，2002-03年）で多くの著作を読むことができる。

日本の伝統とは何か

2010年２月20日　初版第１刷発行　〈検印省略〉
2010年４月20日　初版第２刷発行

定価はカバーに
表示しています

著　者　梅　原　　猛
発行者　杉　田　啓　三
印刷者　江　戸　宏　介

発行所　株式会社　ミネルヴァ書房

607-8494 京都市山科区日ノ岡堤谷町１
電話（075）581-5191（代表）
振替口座　01020-0-8076番

共同印刷工業・兼文堂

ISBN978-4-623-05547-0
Printed in Japan